怒らないこと

與憤怒和解

轉譯心念，遠離情緒風暴

日本心靈智慧導師、暢銷作家 **蘇曼那沙拉** ———— 著

劉淳 ———— 譯

前言

本書的主題是「不發怒」。若想擁有幸福快樂的人生，一定要了解這個概念。

不過，必須要先說的是，就算讀了本書之後努力嘗試實踐，還是會遇到令人煩躁不已、火冒三丈的情況，因而常常無法做到不發怒。

坊間有許多標榜「三個月就能成為億萬富翁」的教學書籍，但實際上幾乎沒有人成功做到。不僅是賺錢投資不容易，即使拚命向學努力研究，獲得諾貝爾獎的科學家依然少之又少，這就是現實。就算求神問佛，去再多神社祈禱，走遍所有宗教聖地，把朱印帳*全都蓋滿，運氣也不會就此

*註：朱印帳，朱印是日本佛寺、神社給予的一種參拜證明，一般不能寫在隨便的紙上或筆記本上，朱印帳就是專門用來收集這些朱印用的。

好轉。事實就是，人生不如意事十之八九。

說到不如意事十之八九，其實就連我們的心也常常無法如願受自己控制。即使努力「不發怒」，還是會忍不住生氣。在克制脾氣與發怒的循環中，有時我們甚至會因為厭倦而開始找尋捷徑，想要知道「如何能立刻成為不生氣的人」。不過，這種貪圖方便的想法，只會成為新的怒氣來源。

雖然這麼斷定很潑冷水，我還是必須說：「沒有瞬間或一天就能成功的方法。」放棄這種不可能的期待，腳踏實地努力才是正確的道路。雖歷經失敗，卻依然不屈不撓持續挑戰，就會漸漸成長為一個不發怒的人。

我們必須勇敢、腳踏實地一步一步前進，才能根治「生氣」這種病。首先必須認清這個現實，才能走上提升人格的道路。佛陀曾說，我們必須知道「活著就是痛苦」。

憤怒大致上可以分成兩種。

一種是因為對現在的自己不滿意而產生的怒氣。當你用否定的觀點看自己，就會轉化成強烈的憤怒。各位通常會說這種情緒是「沮喪」，但事實上，沮喪就是一種憤怒。

舉例來說，當我們生病而必須住院，多半會因為「必須請假不能工作」「沒辦法吃到喜歡的食物」等原因而沮喪低落，甚至因為焦躁不已而感到痛苦。不過，其實住院時身邊會有人照顧，即使無法保持儀容整齊也不會有人責怪，飲食也有充分的營養管理，生活其實相當舒適。

當然，我們還是要好好注意健康，避免生病。能夠保持健康就是一件幸福的事。不過，就算生了病，幸福也不會就此消失。以正確的心態面對現實，能讓人免於沮喪，正向積極地生活。

還有一種憤怒是來自願望沒有實現。然而前面也曾提過，人生不如意事十之八九，如果事事都能如願，反而奇怪。

舉例來說，親子關係也是如此。父母都希望孩子幸福，捨不得孩子被蚊蟲叮咬一口。但就算父母如此疼愛孩子，孩子也不會完全按照父母的期待成長。

父母要孩子「不要再打電玩」，說得再多，孩子也不會照做，而是會偷偷溜回自己房間躲起來打電玩。當父母打開房門阻止孩子，孩子就會鑽進被窩裡繼續玩。為了反抗父母的訓斥繼續打電玩，孩子會絞盡腦汁想出各種方法。即使是血脈相連的親子都如此，人生自然沒有任何一件事會順心如意。

乾脆就別再期待了吧！但是，不期待並不代表放棄成長。我們每個人都必須持續成長。與其抱持不切實際的期待，不如挑戰「今天當個比昨天更好的人」，這才是腳踏實地成長的方法。只要下定決心，今天要當個比昨天更好的人，我們就會成長。同時，也能從追求希望但不斷失望的惡性循環中解脫。

請試著想像日常生活中會遇到的狀況。舉例來說，當你搭上電車，期待有位子可以坐下，但車上太多人，沒有空位，你會因此感到煩躁，心情也跟著變差。這就是憤怒。因為你心中的期待引發了不快樂的情緒。接著，再想像你在完全不抱任何期待的狀況下搭上電車，車上剛好有個空位，讓你可以開心地坐下，舒適地搭乘電車移動，此時你就會感覺到喜悅。或許剛好下一站有個身體不舒服的人上車，你還會選擇把自己的位子讓給對方。比起一直坐著，讓座給了你更大的滿足感。即使必須站著，卻一點都不覺得痛苦。只要不抱持多餘的期待，那麼，坐下很幸福，就算必須站著也是幸福的。

每個人都會抱怨現實的不如意，但一開始製造期待的就是我們自己。有所期待本身就是一種壓力，也很可能會失望，還有很高的機率會因此生氣，甚至陷入不幸。

舉例來說，你或許會期待「明天不要下雨」，但這是神明也無法實現的願望。又或者你希望「上司不要生氣」，但你並不是上司的顧問。想像一下這兩個例子，相信你就能理解抱持期待的人是大傻瓜。抱持期待得到的結果，就是人生被憤怒之火燃燒殆盡。

不發怒的人才會擁有至高的幸福；不發怒的人才能享受充滿快樂的人生；不發怒的人才不會因為擔心未來而煩惱。希望各位也能成為「不發怒」極樂世界的居民。

第1章 「憤怒」是什麼？

第2章　憤怒會破壞幸福

第3章 不發怒的人

第4章 平復怒氣的方法

第1章

「憤怒」是什麼？

沒有人了解「憤怒」

我們每天都會聽到「會生氣是理所當然的」「生氣有什麼不對」「你竟然不生氣，真是沒膽」等等言論。

實際上，正在發怒的人真是多到數也數不清。相信各位的身邊也有這種人。他們會用很低俗的言詞說話、責怪別人、態度兇惡。最近甚至流行一種觀念，認為「生氣是一種堂堂正正的態度」。

然而，「憤怒」原本並不是可以輕鬆說出口的東西。說出「我生氣了」，事實上就等於到處跟人說「我是個笨蛋」。如果我們知道「憤怒」真正的意思，就不會再把它說出口。

反過來說，我們之所以這麼常聽到「憤怒」這個詞，就是因為大部分的人對憤怒都一無所知。

發怒很簡單，但一直在發怒的人生既黑暗且痛苦。我們明明懷抱著想要輕鬆快樂過生活的夢想，卻始終無法實現，就是因為老是為了無謂的小事生氣，人生才會滿是憤怒。

憤怒是幸福的仇敵，現在開始，就讓我們一起了解它。

每個人都「想發怒」

常有人問我：「我明明不想生氣卻還是生氣了，該怎麼辦？」

答案很清楚。我教各位一個簡單又完美的方法。

那就是「不要發怒」。

真的只須要這樣。不要發怒就好了。

沒錯吧？只要不發怒，就不會有憤怒。所以沒有其他的答案，就是不要發怒。

若你讀到這裡，心想：「確實如此。我不會生氣。」那麼就沒有必要繼續讀下去。只要不發怒，你就會幸福。

不過，當我說：「只要不發怒就好。」幾乎所有人都會有些不開心地說：「就是做不到才會來問你！」

其實，各位心裡所想的是：「我就是想要生氣，我想要隨心所欲盡情地發脾氣。但現實是不能生氣，所以希望你教我該怎麼辦。」每個人都非常想要發脾氣，但是在內心某處，又會覺得「不要生氣比較好」。我們的情緒其實是自我矛盾的，但自己並沒有察覺，所以才會說出「我不想生氣」這種謊言。

我說的是事實對吧？你之所以生氣，是因為你想要生氣。「不想生氣」是謊話。真正不想生氣的人，會自我約束，小心謹慎地過日子，不會因為

小事而生氣。就算真的生氣了也會覺得很羞愧，

佛教並不關心應對怒氣的方法。因為人生太過短暫。在這段生命中，希望我們自己能變成比較正面的人。

你想要幸福嗎？

真心想要幸福的人，應該先承認自己「就是很想生氣，並不是很完美的人」，接著再來理解「什麼是憤怒」「為什麼我們會感到憤怒」。要解決問題，必須從理解問題開始。

人是依賴「憤怒」與「愛」而活

在介紹佛陀對「憤怒」的見解之前，讓我們先來好好定義「憤怒」。憤怒和愛一樣，是內心突然出現的一種情緒。

當我們看著自己的家人或喜歡的人，內心很快會產生出愛。當我們吃了食物，或是看到、吃了好吃的東西，也會產生愉快的感覺。這些情緒都發生在一瞬間。憤怒跟愛一樣，都是在人的內心瞬間萌芽的感情。

大致來說，我們人類就是依賴兩種情緒而活的，一種是愛，另一種是憤怒。

「憤怒」一旦出現，「喜悅」就會消失

在巴利語（忠實記錄佛陀之言的古代印度語）中有許多形容憤怒的詞彙，一般最常用的是dosa。dosa的意思是「汙穢」「渾濁」，也就是「黑暗」。

當我們的內心產生了dosa這種汙穢而渾濁的情緒，就會失去一樣東西，也就是巴利語中稱為pīti的「喜悅」。當我們的內心產生憤怒，喜悅就會悄然消失。

因此憤怒其實是很容易發現的。當你不知道自己是否在生氣，請試著問自己「現在開心嗎」「我現在有感覺到喜悅嗎」。答案如果是「不開心」「很無聊」，就代表你內心某處有著憤怒的情緒。感覺到「無趣」「討厭」的時候，就是內心有著怒氣。然而，如果是感覺到「快樂」「幸福」「充滿期待」，或是「精力充沛」，便代表你的心中沒有憤怒。

請別用文字的字面去想像，而是把憤怒當成「自己內心產生的情緒」。如此一來，你才能在一定程度上察覺憤怒。

「陰沉的情緒」（dosa）變強，就會轉化成「憤怒」（vera）

人的情緒有「愈來愈強烈」的特性。當情緒轉強，運作的方式也會有所不同，因此必須用不同的詞彙來表現。

舉一個比較好理解的例子。

家庭內使用的電量並不大。其實我們的身體內也有電力流通，但電量很小，或許連超小型燈泡也無法點亮。不過，這些電力透過各種方式集合起來，就會出現不同的運作機制。當它達到數百萬伏特，造成極大的靜電，就會產生雷電。雷的電力與一顆三號電池有很大的差別，但雷也是電。當電池的電力進入我們的身體，我們幾乎不會受到影響。但如果觸摸到家裡的電線，就有可能會休克甚至死亡，也有可能會引發火災。因此，雖然一樣都是電力，但累積的壓力愈大，便會產生完全不一樣的運作機制。

憤怒又是什麼狀況呢？

當你覺得「今天很無聊，超無聊，好討厭」，這時你的心裡雖然也有憤怒，但這分怒氣並不強烈。

然而，憤怒就像電力一樣，愈強烈愈危險。強烈的憤怒可能會導致自身爆炸，甚至讓別人也跟著受傷。即使一樣是憤怒，程度也有所不同，因此我們必須像分類雷電與電池一樣，區分不同程度的憤怒。

感到極度強烈的憤怒時，我們會咬牙切齒、握緊拳頭，肌肉也會顫抖不已。這種強烈的憤怒，在巴利語中稱為 **vera**。巴利語中還有許多關於憤怒的詞彙，以下介紹其中數種，供讀者參考。

Upanāha 是怨恨。是一種產生之後就難以消失的怒氣，會長久持續下去，甚至一輩子都不會忘記。

Makkha 是輕蔑。這種性格的人自視甚高，會輕視別人的優點。因為不想認同別人的才能、能力、美貌或體力等長處，故意找理由貶低對方。這也是一種憤怒。

Palāsa 是與人針鋒相對。無法和別人和平相處，總是爭強好勝，想要打倒他人。用挑戰的心態面對身邊的人，結果就是總是與人相互較勁。這也是一種怒氣。

Issā 是嫉妒。是一種不想認同別人的情緒，但這種能量會在自己的內心逐漸變得黑暗。

Macchariya 的意思是吝嗇，也就是小氣。常有人覺得吝嗇的人就是貪心，其實並非如此。吝嗇是一種不想把自己的東西用在別人身上的性格，這種人沒有與人大方分享、一起享受的廣闊胸襟，性格比較陰沉。這也是一種憤怒。

Dubbaca 是反抗心。人永遠都不會完美，因此我們必須從他人身上學習，接受他人的指導，不斷成長。一個人終其一生都必須從別人身上學習。然而，當他人對我們該盡的責任義務指手畫腳，我們往往很難接受，甚至產生抗拒反應。這也是一種怒氣。

Kukkucca 是後悔。有些人覺得後悔聽起來很帥氣，其實後悔和反省不一樣，是因為想起過去的失敗或錯誤而感到煩惱。這也是一種很陰暗的性格，是一種惡質的憤怒。

Byāpāda 指的是激憤。也可以說是異常的憤怒。這是一股沒來由的怒氣，即使有原因，憤怒也強烈到超出一般範圍，嚴重時可能會傷害甚至殺害別人。

以上是各種怒氣的介紹。本書則主要是以 **dosa** 與 **vera** 為主題。

世界上破壞的原因都來自「憤怒」

Dosa 是黑暗的感情，是失去幸福、感到不幸的情緒，當它過度強烈，到達 vera 的程度，我們就無法平心靜氣。當憤怒變得更強烈，就會在各種行動中破壞各種事物。最先破壞的就是自己。破壞自己，接著破壞別人。世界上破壞的原因都來自憤怒。

在這個世界上，創造一切的泉源是愛，憤怒則會破壞創造出的事物。愛與憤怒是普世兩種能量的源流。

愛與憤怒是一對組合。全世界都有這兩種能量引發的作用。

佛教不會把情緒擬人化

印度教將愛與憤怒兩者明確分開，認為「梵天是創造之神，而濕婆是破壞之神」。印度教相信，人類的情感與行動中都有神的存在，因此將神的世界也分成兩邊。

基督教則是以擬人化的方式，將愛轉化為「神」，憎恨、嫉妒與憤怒轉化為「惡魔」。如此一來，人就會在腦中想像「必須崇拜神」「必須和惡魔戰鬥」，並按照自己心中的想法行動。同時也會因此思考「這世上有沒有神」「有沒有惡魔」等哲學問題，浪費掉許多時間。

將情緒擬人化之後，這些主張雖然易於理解，卻無法實踐。因為這樣無法具體看待問題。所以，佛教不會把人類的情緒擬人化。

為了方便理解而將這些情緒擬人化，會讓人以為「這些情緒跟我是分開的，我只是受到誘惑，我沒有錯」，將過錯歸到他人身上，認為自己是「好孩子」。擺出一副「我沒有錯」的姿態，不去檢視自己的內心。如此一來，就會引發大錯。

因此，佛教會教育信眾「注意不要把人類的情緒擬人化，要用科學的方式分析它」。

「覺得蟑螂很噁心」是你的問題

用佛教的方式分析憤怒這種情緒產生的過程時會是如下這樣的。

我們睜眼觀看，看到一朵漂亮的玫瑰花。

當我們看到它，會產生「是花，好漂亮」的快樂情緒，這就是愛。

接著閉上雙眼。再次睜開眼睛時，發現花上有一隻很大的蟑螂。

這個瞬間，我們心中會產生「好討厭，好噁心」的情緒，這就是憤怒。

在這種狀況下，會產生「厭惡」的情緒到底是誰的責任？

這時，我們必須決定，到底「我之所以會生氣，都是這隻臭蟑螂的錯，蟑螂才是始作俑者」，還是「都是我的問題」。必須解決這個問題。

看到花時，我們因為「它很美，很想一直看下去，所以很想要它」而接受這個對象。在我們心中，認定一個對象「很好，我想要，很漂亮」並「接受」它，這種行為在英文稱為 **acceptance**，或是 **accept**。

但是，當我們看到蟑螂會感到不愉快，並否定牠。這種「拒絕」的情緒，例如「不想看到牠」「好討厭」「不希望牠在那裡」「走開」等等，在英文中稱為 **reject**，或是 **rejection**。

那麼，**accept** 和 **reject** 這兩種機制，也就是「接受」與「拒絕」，究竟是由誰來進行的呢？

其實是我們自己。我們用眼睛看、用耳朵聽、用身體接觸世上的事物時，就會做出這兩種判斷。當你認同一件事物，就會產生愛；拒絕時，就會產生憤怒。

因此，是否發怒是個人人格的問題。活得開朗快樂，或是活在痛苦、悔恨與抱怨中，是個人的抉擇，沒有其他外在的因素。

對雞來說，蟑螂可是美味佳餚

玫瑰花之所以開花，完全是按照它自己的習性。玫瑰並沒有對你說：「我很美，快來看我。」人類的想法和玫瑰花一點關係也沒有。覺得玫瑰花「很美」，只是人類的一廂情願。

同樣地，覺得蟑螂「很噁心」，也是人類的一廂情願。說到底，蟑螂真的是那麼醜陋又不堪的生物嗎？

或許各位沒有見過，但其實雞很常吃蟑螂。雞看到蟑螂時會覺得：「這看起來很好吃，我要吃牠。」因而產生 **acceptance**（接受）的心態。我們看到蟑螂時感覺到的是拒絕與憤怒，雞看到蟑螂時想的卻是「一定很好吃」。

看到玫瑰花時，我們心中會產生愛。但雞看到玫瑰時，或許會覺得：「這真無趣，好煩，真討厭。」甚至引發 **rejection**（拒絕）心態，或許還會產生憤怒。

每個人衡量情緒的尺都不一樣

一般而言，或許不論是什麼樣的人都會覺得「花朵很美」，但在食物、服裝等面向上，不同文化的人就會有很大的差異。文化會讓我們每個人衡量事物的尺度都有所不同。

這世上有一些文化主張「女性不能讓別人看到自己的身體，因為身體很醜陋，遮起來比較美觀」。在這樣的文化中，如果有人在外露出七十五%的身體肌膚，所有人都會覺得噁心不舒服。相反地，有些文化主張「盡量展露身體線條才是美麗」，看到露出七十五%身體肌膚的人，便會覺得「好漂亮，真是個美人」。

在中東，女性會披上類似面紗的黑色罩袍以遮住臉龐，只露出手的一部分。即使在罩袍內戴了許多金項鍊、金耳環，也沒有任何人能看見。或許這個國家的男性只看到女性的手，便會覺得「是個美人」「很性感」。但我們看不到這位女性的臉孔，便不知道她究竟是老奶奶還是妙齡少女。大家都是一樣的。以我們文化來看，會產生「反正都要遮住，長得漂亮有什麼用」的疑惑，但對這個國家的人民來說，女性遮住臉孔是理所當然的。

生魚片是美味還是殘酷？

在日本，人們會將整尾龍蝦直接活切，放在餐桌上。龍蝦的觸鬚還在動，眼睛也還在轉，身體卻已經被切成一塊一塊，變成了活蝦生魚片。日本的美食家看到，都會感動萬分，說這道菜「一定很好吃」。

但是，當印度人或斯里蘭卡人看到這一幕，非但不會覺得美味，還會因為太過恐怖而逃離現場，甚至或許再也不敢到這個人家裡作客吃飯了。

以印度人的想法會覺得：「吃活蝦太過殘酷，不該做這種事。」因而產生強烈的拒絕反應。另一方面，日本的文化則認為：「生切活魚活蝦是最高級的食物。」日本人看到活魚活蝦時，心中會產生愛。

我曾在電視上看過「邀請非洲山上居民體驗日本生活」的節目。日本人聽到節目邀請的非洲人「在山上只睡覺，完全沒有體驗過奢侈生活」時，想要好好照顧這些客人，便將一隻大魚做成生魚片端上桌。

但這個非洲家庭所有成員看到這一幕後都失去了食慾。雖然他們在山上過著非常原始的生活，看到這道佳餚卻轉過了頭，大叫：「拿走！拿開！」有一個十八歲左右的男孩反應尤其激烈，表現出強烈的拒絕，直接說出：「我不想再看到它了，請快點把它收走。」日本人不知如何是好，只好把生魚片收進廚房。

在不同文化中成長的人面對同一個狀況時，「產生的情緒」會有極大的差異。

情緒也會受到教育、生長環境、媒體傳達的資訊等因素影響。我們的善惡判斷與認識能力也會受到上述條件的操控。

當我們聽說「今年流行這個」，即使原本不喜歡也不討厭，有時也會因此覺得「真不錯」。舉例來說，「黑色」原本是一點也不討喜的顏色，但當黑色正流行，大眾就會覺得「黑色很酷」，街上也滿是穿著黑色服飾的人。當一種顏色成為「現在正流行的顏色」，大家就會改變對它的看法，覺得它「很漂亮，很好看」，對它產生愛。

改變自己，就能幸福生活

如上所述，我們的情緒會受到外界很大的影響。但歸根結底，情緒的根基還是在自己身上。請先理解「發怒或產生愛，都是個人的選擇」。你生氣並不是誰的錯，「生氣是自己的錯」。

反過來說，我們也擁有一點點的希望和光明。

那就是「只要修正自己，完全趕走憤怒的情緒，就可以在完全的愛和幸福中生活。我們有很高的潛力能做到這一點」。佛教的想法是，我們生而為人，就應該追求這種真正的幸福。

因為覺得「自己是正確的」才會發怒

明明知道不生氣比較好，為何我們還是會生氣？

我們總是有「我是因為這種事才生氣」的理由。但仔細將這些理由一一拆解之後，就會發現是「自己任意判斷各種狀況，才會發怒」。

人類永遠都覺得「自己是對的，別人是錯的」，因為這樣而發脾氣。請記住，如果你認為「別人是對的」，就不會生氣。正因為我們認為「我完全正確，我是完美的。錯的是對方」，才會生氣。

我們會以「我是對的，對方是錯的」的立場對別人發怒。那麼，對自己生氣的時候呢？

其實也是一樣的。

我們在做某件工作卻不順利時，便會對自己生氣。

舉例來說，當我們知道自己得了癌症，便會對自己生氣「為什麼我會得癌症」。我們也會責怪自己「為什麼工作不順利」「為什麼今天的菜做失敗」，對自己發脾氣。這種心情其實來自於「我明明這麼完美，為什麼做個菜也會失敗？真討厭」「我應該能把工作做得很完美，為什麼這次就是不順利？」

人類的真心話是「我才是唯一正確的人」

這種「我很完美，我很正確」的想法，真的合理嗎？

當我詢問某人：「你真的完美嗎？你覺得自己完全正確嗎？」這個人會回答：「不，不是的，我完全沒有這麼想。」

然而，當我繼續說：「是這樣嗎？那你就只是個笨蛋。」對方就會立刻發怒。

因此，這其中存在著矛盾。

人在別人面前會表現出謙虛，自稱「我很沒用」，但內心卻認為：「才不是這樣，我才是唯一正確的人。其他人都很隨便，都是錯的。」

舉例來說，母親會對孩子發怒、老師會對學生發怒，或是上司會對部下發怒。

孩子、學生和部下或許犯了什麼錯，我們才會生氣斥責，但在發怒時我們會說：「都是因為你做了錯事我才會生氣。」將自己的怒氣正當化。

如果對方犯了錯，其實你只要面帶微笑地說：「這件事是這樣，是你錯了，下次不要再弄錯。」事情就可以解決了。

既然如此，為什麼我們還會生氣呢？

這是因為，當時我們的腦中有一種念頭，認為：「我是對的，我說的也是對的，我的想法是對的。」

知道「自己其實有很多錯誤」就不會發怒

但是，我們心中「我是對的」的想法並不正確，必須把它修正成「我不會是對的」。建議最好快點改掉「我是完美的」「我是對的」這種離譜的想法。

請試著想像看看，人根本不可能是完美的，對吧？

一個能夠正確判斷事物的知識分子會知道：「我絕對不正確，現在雖然陳述了一些自己的意見，但這些意見也有許多漏洞。」語言不是完美的，自己使用的言詞、比喻也不完美，所有的一切都不會是天衣無縫。

即使孩子、學生或部下犯了錯，那也或許是因為你表達的方式不對，如果是這樣，那就是雙方都有錯。

因此，當你清楚理解：「認為自己才正確的想法不合理，也不是真實的，是謊言、是不可能的。徹底相信這種無稽之談的自己才是全世界最笨的傻瓜。」你就不會再生氣了。當你了解：「我無法主張自己是對的，我不完美，我有很多錯誤。」你就再也不會發怒。

言語並不正確

我們上座部佛教*相信，「這個世界上不會出現像佛陀一樣完美的人」。不論嘗試了什麼樣的研究，我們都認為佛陀還是比較優秀。這一點不論各位相不相信，都沒有關係。

閱讀經典便會深刻理解，佛陀非常注意「與人說話時，該如何遣詞用字」。佛陀不會使用隨便的詞彙，而是非常認真地挑選用詞與人交談。

不過，語言本身就是不完美的，因此有時還是會帶來誤解。

有一個人提出要求，希望佛陀「用一、兩句話說明教誨」，佛陀說「好」，接著用了三、四句話來說明。

但是，對方當然聽不懂，而且因為聽不懂而生氣，留下一句「怎麼說些莫名其妙的話」就走掉了。

一般人這時大概會生氣：「叫我說短一點的不就是你嗎！」但佛陀沒有生氣。

接著，佛陀還自然地在比丘（出家僧侶）的面前向他們說明：「有個這樣的人來了，對我問了這樣的問題，我是這樣回答的。他沒有聽懂，嘲笑了我就回去了。」

從這個故事中我們可以發現，就算是佛陀也無法完美地談話。佛陀也知道這一點，因此只覺得「那個人生氣嘲笑我也是正常的」，完全不會有別的感覺。佛陀也沒有因為「我明明講得很明確，為什麼你聽不懂」而生氣。平時，若有僧侶詢問佛陀：「請說明您剛剛說的話是什麼意思？」祂

*註：上座部佛教，佛教的一支宗派，與大乘佛教並列為現存佛教最基本的兩大教派。

也會耐心解釋，因為佛陀的教誨確實很深奧。

一般來說，母親經常會因為孩子「說幾次都說不聽」而發怒，因此經常會一再叨唸「快去做這個」「不可以那樣子」。

即使如此，孩子也不會聽話。有些時候，確實不論說幾次孩子都聽不懂。不過，也有可能是因為我們說的話不夠精確。

其實，並不是「言語可能不正確」，而是事實上「言語就是不正確」。言語並不完美，因此不可能完全正確。不完美的我們已經盡力挑選合適的詞彙，但對方也並不完美，因此根本無法保證對方有聽懂我們說的話。

即使待人溫柔，還是會被討厭

有些妻子會十分努力維持夫妻感情。努力固然是好事，但方法是否正確呢？如果因為擔心而將對方照顧得無微不至，可能反而惹對方討厭。妻子或許認為：「男性就是會受到溫柔的人吸引，我要好好溫柔對待他。」但依丈夫的性格，或許可能覺得不舒服。誰也不知道最後會是什麼樣的結果，因為妻子和丈夫都不是完美的人。

當妻子認為「我明明一直溫柔體貼地照顧丈夫，他卻離家出走」，若能好好停下來問自己：「真的有自信已經把該做的事做到完美了嗎？」應該就能發現「事實並非如此」。這麼一來，現實就是：「你已經很努力了，結果卻不盡如人意，但你並沒有不甘心，因為你已經盡力了。」

就算努力了，也不要追求成果

盡全力做事並不是一件壞事，它本質上是好的。

不過，追求完美的結果並不對。追求對自己來說最有利的結果，是人類極度無知的表現。這個世界並不會去管什麼狀況對你才是最有利。因此，「希望事情順利發展」完全是一種無知。建議你不要再抱持這種期待。「自己並不完美，也不會對別人追求完美的結果」，這樣的思考才是我們能夠平穩生活的祕訣。我們和別人都不完美，「事情能完美地順利發展」根本就是不可能的。

當然，做事馬馬虎虎並不好。我們必然要盡最大的努力，告訴自己「已經盡力了，但無法預測結果如何」，這才是一種知性而理想的生活方式。如果你能這樣生活，就不會有發怒的機會。

認為自己「很完美」的無知人類，只要一碰到不如意的事就滿心憤怒，也因此每次都沒有好結局。這是很愚蠢的，怎麼看都是一種非常無知的生活方式。

發怒的人是這樣想的

讓我們試著思考「憤怒是怎麼產生的」。

請各位一定要認真理解，否則將不會有任何幫助喔。如果你認為這只是「像小常識一樣的內容」，沒有認真看進去，就無法抓住幸福。

我在冥想時會告訴大家：「請用客觀的眼光看待所有事物。」但在理解佛陀的教誨時，就不是這樣了。當我們能用徹底主觀的方式看待佛陀的教誨，立刻就能感受到幸福，並進入解脫。因此，一定要非常認真的「把這當成切身相關的事」，仔細理解。

發怒的人們，心裡其實是這麼想的。

Akkocchi maṃ avadhi maṃ ajini maṃ ahāsi me,

Ye taṃ upanayhanti veraṃ teasṃ na sammati.（Dhammapada, 3）

Akkocchi 是「用嚴厲的言詞責罵」，maṃ 是「我」。

意思是「那個人是不是罵了我」「這個人是不是罵了我」。

Avadhi 是「欺侮、折磨」，maṃ 是「我」。

意思是「那些人是不是正在折磨我」。在許多事情上，別人會帶給我們精神或身體上的折磨。別人讓我們痛苦時，我們就會認為「這些人在折磨我，欺負我」。

Ajini maṃ 是「贏過我」。

當我們在人生的各種競爭中落敗，就代表「我輸給這些人」或是「這些人贏過我」，英文是 They defeated me 或是 I was defeated by them。Defeat 是「打敗」的意思。

Ahāsi me 是「拿走了我的東西」，也就是我的東西被偷走了。

意思是「明明是我的東西，為何你要偷走」。

被責罵所以發怒

接下來，針對「akkocchi maṃ」「avadhi maṃ」「ajini maṃ」「ahāsi me」的意思再一一稍作補充。

Akkocchi maṃ 是「責罵」的意思。

自古至今乃至未來，都有這樣的情況。人類聽到別人在說話，就會覺得「他在罵我」「在批評我」「輕視我」「對我沒有好話」「這個人忽視我」「他一定覺得我是個笨蛋」。

當你產生這樣的想法，會覺得幸福嗎？認為「這個人好像把我當成笨蛋」時，你幸福嗎？

當然是不舒服的。我們認為「這個人完全忽略我」「他在貶低我」「是不是在輕視我」的時候，心情就會變差。人們不只會產生這樣的想法，還會一直牢牢記得。我們對於學過的東西很快就會忘記，我說的話各位也會很快就全部遺忘。然而，雖然很容易忘記真正有幫助的事情，但是當別人說了我們的壞話，我們一輩子都不會忘記。人只有在這種時候，記憶力才特別好。

被欺負所以發怒

Avadhi mam 是遭受暴力，受到身體上的折磨。

學校裡有身體上的霸凌，即使長大成人之後，欺負與霸凌也依舊存在。人類就是會互相欺凌。不僅是男性，女性也常常互相欺負。我們會因為各種事情而欺負別人，而被欺負的人會記住這一切，絕對不會忘記。這是人類自然的處事方法。當別人對我們親切溫柔，我們很快就會忘掉。不過，被欺凌的記憶卻像刻在石頭上的文字，一輩子都不會淡忘。而為此感到痛苦的，就是過去受害的自己。欺負人的人並不會痛苦，他們也完全沒有想要讓自己欺負的人痛苦一輩子。我能說的只有：「如果你不遺忘而選擇記住，那是你的自由，但你會因此而不幸。」即使是芝麻綠豆大的小事，只要你產生了「那個人欺負我、傷害我」的念頭，就會產生憤怒的情緒。

被擊敗所以發怒

Ajimi mam 是「（對方）贏過我」的意思。這個世界充滿了競爭，有人獲勝，就有人失敗。即使在商業的世界中，也不可能有「只有我賺到錢」的情況。總是有時會賺錢，有時會賠錢。入學或人才徵選等考試，只要是選拔制度，就不是每個人都會被錄取，總是會有人落榜。

因此，我們總是經常體驗挫敗。討厭落敗，就無法在這個世界上生存。

生命就是建立在競爭的原理上，只要有人成功，就必須有人失敗。即使只是幼兒園的二十公尺賽跑，也有跑第一名和最後一名的孩子。這是無法避免的現實。

獲勝的人憑藉的是自己的才能與能力，你之所以落敗也是因為沒有才能或能力。這是無可奈何的事。然而，落敗的人卻以為「沒有那個人，我就能拿到這分工作」「沒有那兩個學生，我就能合格」。

有兩位女性和同一位男性很要好，但男性無法和兩個人結婚，只能選其中一位。

如此一來，另外一位女性就會感到憎惡、痛苦與強烈的憤怒。實際上，我也聽過類似的抱怨，例如「那個女人真的很狡猾，用了各種手段得到他，其實我才是真正對他有心的人」「我不會用打扮和外表來騙人，那個女人就是每天花枝招展，才騙到他的愛」。

事實上，這就是一種憤怒，但這也是一種競爭，因此有一個人勝利，就會有一個人失敗。只不過是這樣而已。而且這件事並非無法避免。

我們其實很奇怪，一邊喊著「要競爭」，但輸了卻又感到不甘心。輸了為什麼要不甘心呢？只要參與競爭，就一定有人獲勝，有人落敗。只要接受現實就好。但我們就是不肯接受現實，所以只要輸了，就會發怒。

被偷竊所以發怒

Ahāsi me的意思是「偷了我的東西」。這也是很常見的情況，常有人因為「被騙了錢」或是「那個公司投標時使詐，搶走我的生意，花錢賄賂才會贏我」等等與利益相關的事情而發怒。

「回想令人不悅的事，會讓你更加不幸」

嬰兒看到鮮花就會笑，被媽媽罵了就會哭，笑完哭完就結束了。嬰兒的內心始終維持純淨，不會回想過去不悅的回憶。我希望每個人的內心，都能像嬰兒一樣柔軟。

但是，大人不一樣。大人會一直記得令人不悅的事情，每當回想起來，就會讓這些無益的念頭繼續運作。

當這種機制開始，會發生什麼事呢？

Ye taṃ upanayhanti veraṃ tesaṃ na sammati.

Ye 是「某個人」，taṃ 是「像那樣」，upanayhanti 是「持續怨恨」，

tesaṃ 是「他們的」，veraṃ 是「嗔怨」，na sammati 是「不會平復、不會消失」。

也就是說，「在內心一一回想某人咒罵我，找我的麻煩，欺負我、贏了我、搶走我的東西，怨恨對方，在心裡生悶氣，懊悔不已」。

個性陰沉的人大多都是這樣的。總是在心裡想著「我輸了」「不甘心」等等。

這樣一來，憤怒就會跟著產生。怒氣會日漸膨脹，在破壞別人之前會先破壞自己，帶來不幸。

無聊的妄想會製造怒氣

分享一下我個人的經驗。我不太懂日文，有時不會察覺細微的意義差異，而不小心使用了強烈或錯誤的措辭。但我與各位說話的初衷，是希望各位能理解如何獲得幸福與喜悅。我也期待即使偶爾弄錯了用詞，各位還是能理解我的本意並感到歡喜。不過，人的心就是只會記得討厭的事情，有益的資訊一下子就會忘記。有一部分的人就是無法忘記我說錯的話，因而覺得自己受到了侮辱，不但沒有感到幸福，反而十分不悅。沒有好好學日文的我固然有錯，但並非所有責任都在我身上。

人就是因為性格如此，才會變得「不幸」。明明可以記住開心的事或有用的資訊，卻馬上就忘記。然而，對方只要說話用詞稍微重一些，或不小心說錯了什麼話惹惱我們，我們就會牢牢記住。愈想愈生氣，漸漸產生憤怒的情緒，身體狀況因此變差，幸福也消失無蹤。或許說話用詞不當是我的錯，但聽到的人也是一直想著那句失禮的話才讓自己不快樂，甚至連家人、同事都因此跟著不幸福，結果就是連其他人也跟著受罪。

「被責罵」「被欺負」「被擊敗」「被偷竊」，全都是無聊的妄想。不斷反芻這些無聊的妄想，讓自己成為不幸的代表，真的非常糟糕。因此，絕對不要在自己的腦中製造一絲一毫的妄想。這就是不發怒的祕訣。

自我會使你產生妄想

妄想會引發怒氣，那我們又是為什麼會製造妄想呢？其實是因為「自我」。如果沒有自我，根本就不會有憤怒。自我指的是「我」這個固定概念。人類認為自己是一種非常確定的存在，對此深信不已。這個我們緊抓不放的固定概念就是自我。而由自我產生的「我該這麼做」「我很了不起」「別人一定要認同我」等等想法，就是幸福的絆腳石。

當一個人強烈認為自己是男人，就會歧視女性。相反地，強烈地認為自己是女性，就會把男人當成笨蛋。當我們認為「我很努力唸書也有很好的大學學歷，我很了不起」，就會因此瞧不起其他人。

不過，有這種想法的人，才是真正吃虧的一方。一個人就算再聰明、再有能力，把別人都當成笨蛋，也不聽別人說話，一定不會有良好的人際關係。在上班的公司裡也會孤獨一人。因為心情不佳，就難以發揮能力，陷入惡性循環，一直處於不幸中。「很會讀書也讀到東大畢業，之後的人生卻非常不幸」，這樣的人真的很多，其實並沒有什麼不可思議。

自我→無知→汙穢→憤怒

「我是男人」「我是年輕人」「我是中年人」「我是老人」「我是課長」「我是老闆」「我是部長」……認真想一想，這些自我定位都沒什麼了不起的，不是嗎？是老闆又怎麼樣？

這世上所有的問題，可以說都是從「我是這個身分」而產生的。只要丟掉這個概念，一切的問題都可以解決。如果你想要幸福，最好不要有自我執念。

佛教最重視的是做正確的事，這和「因為是部下」「因為是課長」「因為是老闆」「因為我是一家之主」等等理由一點關係都沒有。應該注意的只有「你的行動是否正確」。

舉例來說，當一個孩子說出正確的意見，大家就應該認同並付諸實踐。如果有人批評「只是個小孩，真不知天高地厚」，這個人才是犯了無知的錯誤，應該感到羞愧。

在思考憤怒這個議題時，最重要的問題就是自我。只要產生了自我，就會黏著上許多雜質，十分難以處理。自我會造成無知，接著各種汙穢便會附著其中，遭受到來自外界的攻擊時，這些汙穢便會轉變為憤怒。

發怒的習慣很難改掉

自我強烈的人，身邊會滿是仇敵。我們自己製造出的自我，就是讓環境與別人成為仇敵的原因。我們使用了各種關於「自己」的概念，例如「這裡有我在」「我是某某人」「我是公司的某某部長」「我是課長」「我是女人」「我是男人」等等，當我們與他人接觸因而導致這些概念毀損，就會產生怒氣。這些怒氣會逐漸轉化為「發怒的習慣」，之後便很難改掉。

我偶爾會看到笨蛋男人要女人泡茶，女人心不甘情不願，男人就直接說出：「妳是女人，女人就該泡茶！」當部下沒有好好完成他的命令，他又會發脾氣。我也常常聽到人說：「我是上司，部下理所當然要聽我的。」但這種道理是誰規定的呢？這只是一種自我執念罷了。如果上司是個笨蛋，部下又乖乖聽他的話，大家都會遭殃。

這種人會理所當然地認為「因為妳是女人，是我的下屬，就一定要這麼做」，但這種事到底是誰決定的呢？這就是自我執念衍生出的無知。這種人完全是個瘋子。看到這樣的場面，同為男人的我也會感到羞愧。

在下一章，我會向各位詳細解釋，如果放任自己的怒氣不加以排解，會發生什麼後果。

第2章

憤怒會破壞幸福

拒絕的能量增強之後

當我們看到、聽到，或是嚐到、聞到、想到一些事物，並對它產生「厭惡」的拒絕情緒，這就是憤怒。當我們內心出現「我不想吃這個」「我不想和那個人說話」「我不想去那裡」的念頭，這種能量就是「憤怒」。

拒絕的能量增強之後，就會造成嚴重的後果。

如果你只是「不想和那個人說話」或是「不想理會他」，這時拒絕的能量還很微弱，但若是嚴重到「不想看到那個人」「不希望他在這裡」，這時拒絕的能量就會非常強烈。

當這種想法愈來愈強烈，最後會演變成「就算那個人不在我面前，只要想到他在這個世上的某處健康平安地活著，我就無法忍受」，甚至產生想要殺害對方的念頭。

人類的憤怒就是會上升到這種層級。怒氣會讓人破壞自然、社會，乃至於世間萬物。

不過，「憤怒」是人內心產生的情緒，因此只有一件事可以斷言。

「只要能修正自己，就能從憤怒的枷鎖中脫身」。

沒錯，一切都是我們自己的選擇。

真的沒辦法應對發怒嗎？

說到這裡，有些人會主張：「情緒本來就是自然產生的，順其自然不就好了嗎？」當我們看到花，會覺得「好美」，看到蟑螂會覺得「好討厭」，看到切好的豬肉會覺得「好像很美味」，但是看到一隻被殺死、切碎的蛇，就會覺得「好噁心」。許多人都覺得這是理所當然的。

日本很常吃豬肉，但跟同屬亞洲國家的中國或韓國相比，日本人不常吃豬的頭部或豬腳。當餐桌上出現一整個烤熟的豬頭，或是沒有切過的豬腳料理時，日本人會有什麼感覺呢？即使沒有明確的理由，也應該會覺得不舒服，不想吃吧？

如果我們無條件地肯定自己的情緒，告訴自己：「你有這種感覺很自然，內心產生憤怒和愛都是因為我們是人類，這是無可奈何的。」會有什麼後果呢？

你很快就會覺得：「我只要維持原狀就好了。畢竟這是本能，我就是會生氣，人類當然都會生氣。」接著，絕大部分的人都會自我放棄，接受自己「就是一個很容易動怒的人，這就是人類的本能，我也沒辦法」。

這的確也是一種人類會有的想法。只要你認定「憤怒是人類本能的情緒，生氣也不是我的錯」，就不用再做任何努力，事情也變得十分簡單。

「憤怒的人生」沒有喜悅

但是，這樣還是會有問題。如果一個人總是在生氣，那麼他這一輩子的感受會是什麼？

之前提過，「憤怒」產生時我們就會失去「喜悅」。因此，總是在生氣的人就會一直感覺到不幸。生而為人，卻完全感受不到一丁點的喜悅，而是充滿抱怨的不幸人生。

這樣不是有點可憐嗎？或許說句「你的個性就是這樣也沒辦法，你就維持原樣吧」就可以置之不管，但這樣子真的太可憐了。

人類擁有許多「活著的喜悅」，例如工作的喜悅、養育孩子的喜悅、努力的喜悅、和大家好好相處的喜悅。現代還有享用美食的喜悅、外出旅遊與打扮的喜悅等等。但是，總是在生氣的人，和所有的喜悅都無緣。

舉例來說，當你和一個滿口怨言的人一起外出旅遊或用餐，對方一定會一直抱怨到連你都心浮氣躁，完全感受不到喜悅。如果一個人無法從周遭事物感受到任何喜悅，即使去做一般人會開心的事，還是會覺得自己很不幸。如此一來，連和他同行的人也不開心。所以，這樣的人對身邊的人來說，非常令人困擾。我們不能用「生氣是本能」當理由，放任這樣的人不管。

沒有喜悅，人無法存活

我們口渴時，即使只是一滴水也令人萬分感激。

人類所感受的幸福也是如此。

要生存就必須維持身體的運作，光是要做到這點就已經令人精疲力盡。不過，在苦難的人生中，我們還擁有如同涓滴細流般的微小幸福。工作時就算痛苦，我們也仍然擁有「我正在工作」的小小充實感與幸福感，還有一切順利時的成就感。養兒育女雖然很累，父母仍會感受到「孩子很可愛」「是我的孩子」，擁有親情與看到孩子日漸成長的喜悅。

正因如此，我們才能繼續努力不懈。如果連這些喜悅都捨棄了，人就無法活得像個人。

憤怒對我們的生命有害

以「憤怒是本能，沒辦法」為藉口放任現狀，是非常危險的。這跟認為「沒差啦」就不努力，懈怠度日一樣。佛教稱這種狀態為「放逸」。因為「憤怒是情緒，是本能，所以沒辦法」就放任不管，會有什麼樣的後果？

結論就擺在眼前。根本不須要去研究，現在的世界就是這樣的狀態。在現代人類社會中，大家都十分怠惰，對許多問題放任不管。

現在，連我們的生命都已經遭遇危險。我們吃的食物安全嗎？呼吸的空氣是否受到汙染？喝的水真的適於飲用嗎？你有自信這一切都沒問題嗎?其實沒有,對吧?

現在是連曬到陽光都會害怕的時代。想到這裡,不禁讓人擔心未來是否能繼續生存。

有許多人做出破壞性的行動,因此,我們不知道什麼時候、在哪裡會爆發戰爭。現在這一秒,人類也正在研究開發各種大規模毀滅性武器。地球大部分的資源,都用於研究殺人武器。

這些武器只要使用一點點,就會讓全人類滅絕。儘管不使用,它也是人類製造的機器,沒有絕對的安全性。因此,這樣大規模毀滅性武器只要存在,就是人類的巨大危機。

現在,幾乎所有武器都能用遙控系統遠端操作。只要從這裡送出電波訊號,炸彈或導彈就會自行啟動發射。這個世界上到處都是電波,如果機械接收到其他電波而引發混亂,因而自動啟動,會有什麼後果呢?

「高技術設備絕對不會錯誤啟動」「日本的核電廠擁有全世界最棒的

安全設計」，相信各位都已經知道，這些論調都是謊言。人類的所作所為，全都充滿了破綻。不承認這一切的人更是危險。如果相信這些謊言，只會受害。我們在沒有任何危機感的狀況下製造毀滅性的工具，且擁有破壞性的思考。因此，不能因為「憤怒是一種情緒，沒辦法控制」而放任不管。

世上沒有「正確的憤怒」

放任憤怒的情緒不管，對我們每一個人的生命都有害。不控制自己的怒氣，誰都無法活得幸福。因此我們不該太放任自己，必須將自己的性格調整到不會產生憤怒。

希望各位不要弄錯，所謂的不產生憤怒，和「與憤怒戰鬥」是不一樣的。與憤怒戰鬥的情緒本身也是一種「憤怒」，這樣並不好。我們該努力的方向不是與憤怒戰鬥，而是「將自己培養成不會發怒的人格」。

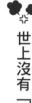

正義的夥伴一定要打倒壞人。那麼，需要什麼才能打倒、殺害一個人呢？答案是「憤怒」。

因此，其實我們都是戴著「正義的夥伴」面具，將自己的「憤怒」正當化。正義的夥伴為了「打倒壞人」會四處尋找敵人，也就是說，他的內心充滿了負面情緒。

即使還不是「正義的夥伴」，只要具有強烈的「戰鬥」情緒，就很容易累積壓力，造成各種問題。

學習本來是件開心的事，但當我們想著「考試一定要考到好分數」「一定要在升學競爭中勝利」「想要贏過自己的對手」，心裡就會滿是憤怒。為什麼要戰鬥呢？戰鬥會讓一切無法順利，也會讓自己痛苦。

「打倒邪惡」「成為正義的夥伴」這些都不是佛教的思維。在佛教的思考中，沒有什麼「正確的憤怒」。無論是什麼樣的憤怒，誰都無法將它正當化。我們常說「生氣是理所當然的」，其實完全不是這樣。

「可以殺人」這句話是不成立的

以下介紹我自己獨創的理論。

大乘佛教中，有「發菩提心、菩薩心」的概念。所謂的「菩薩」，指的是「追求悟道，比起救自己更努力救他人的人」。換成現代的說法，就是「正義的夥伴」。接著，請想像菩薩正在認真努力實現自己的誓願。

首先，菩薩先想到的是：「我來打倒這些壞人吧，這些人總是在做壞事，給人添麻煩，為了大家好就殺死他們吧。」

但是，菩薩很快又有其他的想法。

「我該殺多少人才對呢？殺掉多少人，這世上才完全沒有壞蛋呢？或許必須殺掉所有生命。如果是這樣，那麼比起真的殺人，先修正自己『想要打倒、殺掉壞人』的想法，不是比較快嗎？」

讓我們思考一下菩薩的論點。

每個人心裡多少都有「那個人是壞人，真該死」的想法。

不過，如果「每個壞人都該死」，那世界上到底該死多少人呢？

到頭來，這樣的想法可能會變成所有人類都該死，不是嗎？

反過來說，這個世界上根本沒有完美的好人。

因此，壞人該死這個想法最後會變成「完美的好人才能活著，你做了壞事就該死」，這是一種非常誇張又不講理的言論。

如果我們將有不當行為的政治家都以「不符合政治家原則」為由逐出國家，最後這個國家就會沒有政治家。現實的世界就是如此。

無限原諒，無限寬恕

基督教的耶穌也有類似的故事。

猶太教有一條戒律是「外遇的女人要用石頭砸死」。有一天，人們根據這條戒律將一名外遇的女人抓起來，綁在柱子上，並決定將她處刑，準備用石頭砸死她。

此時耶穌出現並問這些人：「你們要做什麼？」人們回答：「這女人背叛丈夫，我們要遵從神的教誨用石頭砸死她。」

耶穌回答：「我懂了，那麼請從來沒有犯過罪的人先丟石頭吧。」之後就轉身離開了。

人們聽到這句話後，誰也無法拿起石頭。女人因此撿回一命。

耶穌的這句話便是真理。「這個人做了壞事，必須受到懲罰」是很不合理的想法。根本就沒有「這個人可以殺掉」這種判斷基準。

這裡耶穌所說的其實就是「原諒她吧」。至於該原諒到哪種程度呢？答案是「無限」。原諒是沒有限度的。也就是「這個教誨正確無誤，人們可以藉此獲得幸福，神的世界將在你的眼前出現」。所謂「神的世界」，指的就是「幸福的狀態」。

確實，我們若能以「不論別人做什麼或變成什麼樣子，都原諒他。不拒絕這個人，並對他心懷愛意」的心態原諒一切，那麼你的心裡就會只有愛與幸福。基督教將這種狀態稱為「神」，其他的宗教則使用別的名稱。這個單詞本身沒有什麼意義，最重要的是「原諒」這種行為。佛教不會將人的情緒神格化，因此單純稱它為「慈愛、寬恕」。

憤怒是將自己燃燒殆盡的「火焰」

憤怒會對我們帶來各種負面影響。

之前已經說明過「憤怒會帶來不幸」的道理。要了解這一點其實不難，因為發怒時自己也會覺得不舒服。無聊的時候，你會覺得開心嗎？感覺應該很糟吧。心裡充滿憤怒時，人都是不幸的。相反地，感到雀躍時，你的心情又是如何呢？是否愉悅而輕快，感到十分舒服呢？這種感覺，我們就稱它為幸福。

愛是一種創造、生產、養育的正向肯定能量。憤怒則是拒絕、捨棄、破壞的負面否定能量。但憤怒是由何而生的呢？其實是我們的身體內部。

因此，憤怒產生的同時，就會開始破壞你自己。

破壞事物時，一般需要的是「火」。印度教非常理解這一點。印度教的濕婆神是職司破壞的神祇。讚頌濕婆神時，人們會點燃火焰，進行各種宗教儀式。相信各位也曾在電視上看過，供養濕婆神時，人們會點起聖火，並對著聖火獻上食物，將其獻給神明。

佛教也會將憤怒比喻成火焰。

當我們在自己身上點火，我們碰觸到的一切就會跟著起火燃燒，進而遭到破壞。但在那之前會發生什麼事呢？我們自己會先燒起來。相信現在你已經了解，憤怒雖然有能夠破壞事物的力量，但第一個被破壞的就是你自己。

火柴也是一樣，當我們想要「燒掉這些垃圾」而點燃火柴，最先燒起來的就是火柴本身。

「火柴很重要，我不想燒掉它。但我想點火燒掉垃圾」這種願望是絕對無法實現的。

「憤怒」會在不知不覺中傷害身體

憤怒會讓我們自己開始燃燒自己。細胞會遭到破壞，慘不忍睹。

各位可以試著把蔬菜或是鮮花放在稍微熱一點的地方。例如將新鮮翠綠的蔬菜放在採光良好處，讓它照射陽光。過了一小時、兩小時、三小時之後，蔬菜看起來如何？應該會乾枯，失去生氣。如果是放在火上烤，這樣的變化就會更加劇烈。我們的體內也正在發生同樣的事。

當然，如果發怒的瞬間手臂會劇痛，或是腳痛到無法行動、肚子絞痛到快要死掉，那麼相信誰都不會發怒了。然而，正因為憤怒沒有這樣的徵兆，才更加可怕。

舉例來說，像是腦細胞，特別是製造各種荷爾蒙的部分，有著許多看不到的微小器官。因為實在是太小了，不會馬上感覺到，但憤怒會讓自己的內臟與荷爾蒙相關器官都燃燒起來。

最先受到影響的是內臟。不論是心臟、肺臟還是腎臟，內臟都是二十四小時不停在運作。內臟細胞會因為憤怒而提早老化，在不知不覺中出現疾病，造成身體各處疼痛，胃潰瘍或內臟癌症等等難以治癒的疾病。常常發怒、抱怨的人，不但容易生病，還比其他人老得更快。

容易疲累、經常失眠，以及因體弱多病而煩惱不已的人，必須注意自己的心靈是不是也有問題。許多有這些困擾的人，都是易怒的性格。

生病很快就會痊癒的人與一直無法康復的人

可別小看憤怒。在怒氣產生時，劇毒便會侵入你的身體。請一定要好好記住，即使只有一點點怒火，也會對身體產生不良影響。憤怒會先讓你自己燃燒起來，身體真的會因此罹患疾病。

請試著想一想，我們幾乎沒有聽過個性極為開朗的人罹患重病，對吧？這種性格的人即使生病，也會很快和醫師變成朋友，治療效果也跟著提升，很快就會恢復健康。住院患者個性開朗，護理師也會很開心，自然會親切細心地照顧患者，希望患者能趕快康復。

相反地，有些患者十分挑剔，總是滿口抱怨，當然就會惹人厭。護理師聽到呼叫鈴響，心想「那個煩人患者又在叫人了」，不情不願地來到病房，發現患者只是須要幫忙蓋被子。過沒多久又被叫去，這次是要護理師幫忙把紙杯往右挪一點。因為一點小事被呼來喚去，護理師根本無法做自己的工作，患者卻是一副「我叫你你要來，這就是你的工作」的大爺態度。

這樣下去，患者的病真的會好嗎？當然不會，而且會長久受到病痛折磨。病一直沒好，住院的時間一長，又更加惹人厭。醫師和護理師在治療時，心裡都很想早日逃離這個患者。醫護與患者心靈不相通，患者的身體狀況也會每況愈下，十分痛苦。

發怒的人是幸福小偷

如果只有發怒的那個人會不幸、會死掉，我們還能說「那就讓他不幸吧」「那就讓他死掉吧」，但事實並非如此。發怒的人會一直給周遭其他人添麻煩。每個人都拚命在讓自己幸福，但發怒的人卻在一瞬間就奪走了大家的幸福，簡直就是幸福小偷。

即便是小偷，如果只是偷走幸福，我們也不須要太介意。

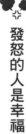

如果有人吃掉了我們原本要吃的食物，其實不太會令人生氣，尤其吃掉的人要是稱讚「那很好吃」，我們心裡的不開心也就煙消雲散了。

自己做的食物被其他人搶走了，也是類似的情況。當對方對你說「這很好吃，下次再做吧」，你就會覺得「他吃得很開心，就算我的幸福變少了一點點也沒關係」。因為受到讚美與感謝，也是一種幸福。

因此，不須要太過在意這樣的奪取。因為對方確實拿走了你的東西，但沒有偷走你的幸福。

然而，發怒的人會奪走我們生命中最重要的東西，也就是「生存的意義」。搶走別人金錢的小偷，只是想拿別人的錢來享樂。但是奪走別人幸福與生存意義的「憤怒小偷」，無法用搶到的東西轉化為自己的幸福。自己會因為憤怒而受苦，甚至破壞別人的幸福，將別人捲入苦難之中。因此，發怒就是小偷中性質最惡劣的小偷。

憤怒會立刻傳染

人類很快會讓自己的情緒去配合別人的情緒。因為人類很脆弱，立刻就會受到周遭的影響。

舉例來說，當小孩想要某樣東西，媽媽不讓他買，吵起來之後小孩大哭，這時只要有人開個玩笑，小孩就會立刻破涕為笑，然後忘了自己剛剛在哭泣。

不僅是小孩，每個人都是如此。舉例來說，回家時你和太太大吵一架，這時請試著兩個人一起出門去居酒屋、書店或電影院等令人愉快的場所。這麼一來，在家本因吵架而生氣，在外出途中，怒氣立刻會煙消雲散。也就是說，我們的情緒會受到環境很大的影響。

請想像看看，如果在大家玩得很開心時，有一個非常生氣的人突然進來，會發生什麼事呢？大家的快樂會在一瞬間完全消失。舉個例子，有四十名年輕人在迪斯可盡情跳舞，突然有一個像黑道的人闖進來怒吼：「你們在幹什麼！」會發生什麼事？這四十個人的快樂會一下子就消失無蹤，對吧？

如果你想認真思考「憤怒」，那麼希望你能理解這點。發怒的人就像惡鬼或惡魔，會從身體放出強烈又可怕，類似放射線的能量。不僅會讓自己的幸福消失，也會奪走別人的幸福，破壞整個社會的幸福。

支配者是非常危險的人種

舉例來說，當某國的政治家因為某些理由而憤怒，可能就會因此引發戰爭。如此一來，既不憤怒也沒有任何罪過的國民就必須參加戰爭，並且因此死亡。回顧世界的歷史，這樣的愚者其實經常出現。

其實，只有愚者才會有「想當政治家」「想當國王」「想成為獨裁者」等等企圖支配別人的欲望。有智慧的人會覺得「這種事很無聊」，根本不會參與。因此，自古至今，支配這個世界的人絕對不是知識分子或天才，而是居心不良的人。正因為他們並不善良，不知何時會精神錯亂大發脾氣，所以十分危險。

因此，我們必須管理這些支配者。舉例來說，美國有許多人能控制總統。這是因為「放任總統用自己的意志做判斷會引發災難」，因此設計了許多安全裝置。總統的身邊會有許多知識分子和各種專家，親自教導總統「哪些時候該怎麼做」。總統的演講也是身邊的幕僚寫下講稿，由總統本人擺出一副偉大領袖的架式唸出講稿。如果不用這些方法控制，國民就不知道總統會做什麼。

憤怒會破壞自己、破壞大自然，最後還會奪走別人的幸福。因此，我們不能放任自己，必須認真努力面對自己的憤怒。「不發怒」不但是個人的課題，也是所有生命對你的請求。

在打倒對方之前，自己就會崩潰

「法句經」（Dhammapada）是「真理之言」的意思，它是記載佛陀偈頌最古老的經書之一，其中有一句這樣的偈文。

Pare ca na vijānanti mayamettha yamāmase
Ye ca tatthavijānanti tato sammanti medhagā.（Dhammapada, 6）

其他人（賢者以外的人）不知道我們終將一死。賢明的人知道這一點，因此不會有鬥爭。

這世上之所以會有鬥爭，是因為彼此鬥爭的人並不了解「鬥爭會使自己遭到破壞」。他們毫無自覺自己已經有一部分損壞，反而誤以為「我打倒了對方」。

舉例來說，有些人罵完人會覺得：「別人害怕他所以什麼都不敢說，但他實在太過分了，所以我就罵了他。他總算知道惹毛我不會有好事了吧，活該。」

然而，這只是在給自己找藉口。如果我們因為生氣而責罵別人，首先被破壞的就是自己的心，並且因此感覺到非常不幸。生氣的人無法察覺這一點。只要能夠好好理解「生氣會先破壞自己」，我們對於任何事情都不會再有怒氣。

不論是再糟糕的狀況，被迫做多辛苦的工作，受到多過分的言語辱罵，我們都不會再憤怒。因為憤怒，就是傷害自己。

請告訴自己，憤怒等同於喝下毒藥。我們沒必要主動喝下毒藥，因此要控制自己的憤怒，必須從理解「憤怒會傷害自己」開始。

真理是「愈是發怒的人愈笨」

這個世界上，最笨的就是發怒的人。

這可不是開玩笑，我是認真的。這是客觀的事實，是真理。發怒的人真的是笨到令人羞愧。

感到憤怒時，請好好觀察自己的心。

你的心現在沒有任何智慧，也不開朗愉快，無法進行適當的判斷。這種狀態別說是人類了，連動物也算不上，連動物也不如。想當一個有知識、能力與才能的普通人類，就絕對不可以生氣。

心的感受就跟海浪一樣，會一直出現高低起伏。當你回顧生活，應該會發現自己頭腦清楚，能夠確實掌握事物採取行動的時候，都不是處於憤怒的狀態。

首先，請常常告訴自己：「生氣是笨蛋才會做的事。」心裡要牢牢記住：「只有徹底無知的人才會生氣。」當你發現自己在生氣，請認真對自己說：「我是個不合乎常理的笨蛋，我什麼也不懂，非常無知，所以才會生氣。」

當孩子做錯了事，我們若是能夠在腦中掌握孩子之所以這麼做的理由，還有怎麼糾正他才會改，就不太會生氣。不會感到震驚失望，能夠保持沉著冷靜。也就是說，「當我們能夠運用智慧，就不會生氣」。

一直發怒，你就會化身為「憤怒」

發怒時，我們瞬間就會成為「完全差勁無知的人類」。愈是生氣，愈會刺激自己的無知，也就愈來愈笨。

那麼，生氣的次數愈來愈多，會發生什麼事呢？

相信各位都知道，我們的心理具有「當一件事不斷重複，就會信以為真」的法則。當我們多次接觸到「這很好」「這很好」「這很好」的資訊，大家就會很快認為「這真的很好」。如果有人一直對你說「這個很美味」「真的很好吃」，實際品嚐的時候，你就會覺得真的很美味。

出乎意料地，人的心理只要不斷重複給予同樣的訊息，就會心想事成。因此，人類其實一直都在給彼此下暗示，互相控制心靈，讓事情往對自己有利的方向發展。因此，這個世界才會是一團混亂。

憤怒也是一樣，當發怒的次數增加，我們就會成為憤怒的化身。這時，我們就不再是人，只是一團會動的「肉塊」。這種肉塊就和妖怪一樣可怕，如果在深夜一人獨處時，遇到只有一隻眼睛，臉上全是血，牙齒外露的妖怪，不是很可怕嗎？誰都不想看到這樣的妖怪，不過，妖怪只是幻覺，一點也不可怕。因為是幽靈，就算觸碰到也感覺不到。然而，如果我們的眼前出現失去人性的肉塊，還會動、會走路、會說話，就真的可怕了。

發怒的人連動物也不如

也就是說，「成為發怒的人」就是放棄當人類。之後這個人就不會有任何成長，也不會有任何發展。以生物的等級來說，比動物還要低得多。

為什麼會這樣呢？

動物在共同生活中，其實一直都在揣摩彼此的情緒。在動物的世界裡，是不能任性妄為的，必須一直敏銳地觀察對方的情緒，否則無法生存下去。

動物也會生氣，但這和人類的憤怒不同。舉例來說，狗生氣唯一的理由只有對方破壞了狗的道德，其他的事都不會讓狗生氣。猴子的世界也一

樣，破壞了猴子世界的法則，就會被打、被咬。雖然不會被殺，但如果運氣不好，會受很重的傷，還是有可能會死掉。

因為攸關性命，動物們在生活中一直都是細心觀察彼此，盡可能理解對方的情緒。因此，發怒的人比起動物要低等許多。

捨棄自我執念、不再發怒的人，每一個都能得到真正的幸福。講述不發怒的具體方法之前，下一章將先介紹賢者們的生活方式，希望各位能從中學習。

第3章

不發怒的人

忽視是最強烈的懲罰

對於在寺廟中做了壞事的人，我們佛教徒當然不會打也不會罵。因為如果我們生氣怒斥對方：「你為什麼會做這種事」「大家都該這麼做才對」，那就連我們也一樣犯了「憤怒」的罪過。

佛教徒常用來懲罰犯錯者的方式是完全忽視。假裝完全沒有看到犯錯者的言行，將這個人驅離出社會。所謂的驅離指的並不是真的把對方趕出去，和犯錯者同桌一起吃飯也沒有關係。因為對方也是人，生活所需還是要準備妥當，如果對方生病也要好好照料。但是，雖然協助犯錯者滿足生活需求，卻不會把他當成一起活動的人對待，而是忽視他的存在。

當犯錯者發言，我們會完全忽視他，直接詢問下一個人的意見。這種方法的效果非常強烈，一般人都無法承受被忽視所帶來的打擊。

會受到忽視之罰的，是不守道德規範與公定規約、破壞和諧的人，還有整天只想著欺負別人，任性又自我中心的人。選擇忽視的一方，雖是讓犯錯者做他想做的事，但只要這個人不遵守社會規範，其他人就無法把他當成社會的一分子。也就是說，即使大家一起生活，也沒把他當成一分子。這個人會持續受到忽視，一直處於痛苦之中。直到他改變自己錯誤的生活方式並道歉，忽視之罰才會停止。

真正的「忽視」很難做到

一般人的忽視，無法說是佛教的忽視。

舉例來說，偶爾會有夫妻之間一星期都不說話的情況，這時兩人應該都是很痛苦的。因為其實雙方都想跟對方說話，也很在意對方。這時，雖然雙方都覺得「隨便你吧」，但即使不說話，彼此還是有強烈的情感交流，因此不會有被忽視的感覺。一般而言的忽視，只是不勉強去聽對方說話。選擇忽視對方的人，內心也有著各種情緒，只是一直在壓抑，這種狀態其實不算是忽視。

佛教所說的忽視，和夫妻吵架之後忽視對方完全不一樣。夫妻吵架是一種情緒性的忽視，而我所說的「真正的忽視」是靜靜地觀察對方是否已經改正錯誤，並以假裝對方不在場的前提行動。當對方發現自己即使在場，他人也一副完全無所謂的模樣，依舊心平氣和開心做事，就會覺得很痛苦。

我們不能讓忽視對方造成自己的損失。忽視對方的目的，是讓對方了解，「你造成我的損失，因此我忽視這一切，而這會讓我幸福」。

忽視對方時，絕不能有任何一點「不能跟他說話好寂寞」「還是跟他說話比較好」的想法。只要你面帶微笑，抬頭挺胸地開心過生活，對方就會反省，「也許是我的錯，是我必須低頭」。

讓佛陀困擾的馭馬者

佛陀在出家之前是某個國家的王子。王子有一位馭馬者，名為闡陀。皇族屬於上流社會，所以僕役不是誰都能當的。闡陀也是具有大臣等級的身分。無論何時，只要王子需要，闡陀都會駕著馬車載王子前往各地。

闡陀也非常重視王子，總是十分努力侍奉。王子出家時，也只有闡陀陪著他。當時兩人乘坐的不是馬車，而是馬匹，但闡陀還是陪在王子身邊侍奉，兩人的感情也很好，形影不離。佛陀出家之後，將自己的一切都託付給闡陀，交代闡陀：「把我的王冠、寶石與服裝都還給家人，並向父王報告我已經出家了。」

之後，闡陀和阿難尊者等人一起出家。然而出家之後，闡陀發現佛陀身邊的僧人對待自己的態度與出家前完全不一樣。出家前佛陀經常與闡陀如影隨形，出家後卻常常只有闡陀一個人必須前往遠方。舍利弗尊者、目連尊者與摩訶迦葉尊者等偉大的阿羅漢（完全開悟的聖者）總是跟在佛陀身邊行動，現在的佛陀也總是與阿羅漢談話，請託他們幫忙。

佛陀不再像之前一樣呼喚闡陀，請闡陀幫忙，闡陀因此感到很寂寞。不過，佛教出家後的世界就是神聖的世界，最重視的是道德。一切都與「出身」「金錢」「親戚關係」無關，而是以「心靈是否清淨」為判斷的基準。因此，佛陀身邊只有清淨悟道的人，包括闡陀在內，還在修行的人都無法靠近。

闡陀因此變得任性妄為，開始向大家抱怨：「你們這些人都是在佛陀變成有名的偉人之後才擺出一副架式陪在他身邊。但從小就照顧他的是誰？在他剛出家時陪著他的人是誰？都是我啊。」闡陀以妄自尊大的態度對待其他僧人，也不聽其他人的規勸。即使有人告訴他：「出家以後你應該這樣生活，遵守這些規定。」他也會反駁：「你們為什麼要說這些？是想對我說教嗎？省省吧！」十分桀驁不馴，因此不但無法修行，也根本無法聽進任何人的教誨。不過，闡陀只對佛陀非常敬畏，不敢有所怨言。因此佛陀也沒有直接訓斥闡陀。

佛陀的弟子經常會詢問佛陀許多事物的處理方式，因此佛陀在圓寂前連自己的葬禮該怎麼做都已指示完畢。不過，佛陀心裡其實還有一件放心不下的事。

佛陀很體貼其他人，對於曾經照顧過自己的人，也始終心懷感恩。因此，佛陀很在意闡陀。佛陀知道闡陀對自己的愛，也知道在闡陀心中，佛陀就跟他自身生命一樣重要。然而，以闡陀現在待人處事的態度，佛陀也無法引導他開悟，因此十分擔心。

佛陀給予的懲罰「brahma daṇḍa」

佛陀在即將圓寂前，請阿難尊者幫了一個忙。

佛陀對阿難尊者說：「闡陀不聽別人的話，任性妄為，妄自尊大，真令人煩惱。因此，在我死後，請各位對他進行『brahma daṇḍa』。」

「brahma」是「偉大」「神聖」的意思，「daṇḍa」是「處罰」。「brahma daṇḍa」就是「聖者給予的處罰」。

當然，聖者是不會欺凌別人的。「神聖」與「處罰」是相反的意思，阿難尊者也詢問佛陀：「神聖的處罰是什麼意思？」佛陀說：「你們這些僧伽應當這樣決定（僧伽的決議：出家比丘們的規則與管理是由比丘全員一起決定。這些規則不能因個人好惡而打破。例如要處罰一位比丘，也是要由僧伽全員一致通過）。所有的僧伽都不與闡陀說話。闡陀可以自由說話，但僧伽都不要回應他。你們也要告訴他，你們決定這樣處罰他。」這便是「聖者給予的處罰」。具體來說，是群體決定完全忽視其中的一人。

在學校，孩子之間似乎也有忽視對方這種霸凌方式。佛教並不鼓勵孩子那種忽視朋友的霸凌。佛教採用的忽視，是僧伽這種議會制度下全員同意的法律性處罰。通過之後，犯錯的人會收到正式通知：「眾人決定忽視你。」學校的學童們並不是透過學生會來決定忽視誰，而是任意忽視自己討厭的對象，這是不可以的。國家的法律制度能夠逮捕罪犯並給予處罰，但個人或團體沒有這種權力。即使佛教會對性格不好、不遵守秩序的人給予忽視之罰，但不是佛教徒的學校孩童或公司員工並沒有這種權力。

「佛陀圓寂」造成一股騷動。當一切平靜，葬禮也結束後，僧侶們（阿羅漢）為了整理佛陀的教誨聚集起來，在這場會議中，他們決定遵照佛陀的指示，以忽視來處罰闡陀。一般而言會請本人也參加會議，但這場決定處罰的會議並沒有找闡陀來參加。會議結束後，阿難尊者來到闡陀家中，告訴他：「我們決定這樣處罰你。」闡陀與阿難尊者自小便陪伴著佛陀，佛陀圓寂對他們兩人來說都是十分傷心的事。

這時，阿難尊者告訴闡陀：

「佛陀在最後決定了對你的處罰。」

闡陀問道：「是什麼處罰？」

「是 brahma daṇḍa，神聖的處罰。」

闡陀又問：「brahma daṇḍa 是什麼？」

阿難尊者回答：「我們會從今天開始不跟你說話，但是你則可以自由地說話。」

聽聞處罰內容的瞬間，據說闡陀立刻失去意識，昏了過去。

這個處罰就是如此強烈。但是，佛教並不會因為這種處罰很痛苦，而將其減輕。闡陀受到了很大的打擊，因為誰也不會和他說話，於是他索性一個人拚命地瞑想。沒多久，闡陀便悟道了。

一旦悟道，就是成為一個完美的人，所有的懲罰都會自動解除。不過，闡陀還是遵守道德，他承認：「我對佛陀做了許多無禮的事，所以僧侶們給了我這樣的處罰。今後我會好好約束自己，請原諒我。」於是比丘僧伽們在之後召開的會議中做出了如下的結論：「闡陀已經道歉了，如果各位不反對，今後就中止對他的處罰。」

自己不反省，就沒有意義

在社會上，若有人做出很糟糕、很過分的事，我們卻不對他生氣，這個人就會覺得無所畏懼而繼續橫行霸道。如果我們生氣，或許對方會因為有人發怒而收斂，所以發怒或許算是有一些效果。一般的法律就是以這樣的邏輯成立的。

不過，法律使用的不是怒氣而是刑罰，也就是暫時剝奪一個人身為社會人的自由。如此一來，人們因為害怕被罵、害怕被刑罰剝奪自由，就會遵守法律控制自己，不去做壞事。

佛教沒有對做壞事的人發怒的概念。不過，對於仗著「大家都不會生氣，大家都很慈悲」而為所欲為的人，還是會給予適當的處罰。以這個範例來說，佛教會使用的處罰是完全忽視對方，告訴他「之後請你一個人生活」，給予這種刑罰的理由是基於慈悲心，以及期待對方有所成長。

佛教徒會用「照鏡子」來說明教育一個人的方法，所謂的照鏡子，也就是讓犯錯的人客觀地觀察自己。佛教會命令犯錯的人「照鏡子」，而出家的比丘們平常就會以照鏡子的方式觀察自己，省視自己的行動有無錯誤。對自己做過的事必須要自我反省，否則就沒有意義。不下定決心反省，就無法修正錯誤。如果你想成為更好的人，建議思考一下自己有多少反省的決心。因為所謂的「不發怒」，指的並不是對誰都唯唯諾諾，不敢拒絕別人。那只是懦弱。

要讓對方了解他做了「壞事」

日本也有一個和闡陀與佛陀相近的故事，就是閻羅王。閻羅王負責審判人死後要去天國或是地獄。這是佛教世界的故事，因此閻羅王的審判方法和西洋宗教中最後的審判不一樣。閻羅王不會用「不信神者下地獄」「信神者入天國」這樣簡單的方法審判死者。

閻羅王用的方法是讓死去的人照鏡子。鏡子中會映照出這個人生前的所作所為，讓他自己看過之後，就能自行判斷善惡。如此一來，本人就會發現：「原來如此，我從來沒做過一件善事，我該下地獄。」並做好心理準備。

即使這個人下了地獄，也不是閻羅王的錯。閻羅王沒有做出判決，而是這個人自己判斷並接受下地獄的事實，決定接受處罰。

從這裡，我們可以學到的不是「惡有惡報」，而是「讓做壞事的人自己接受帶來的後果」。請記住這個「照鏡子」的方法，它真的很有用。當有人欺凌你，令你困擾不已，不要回嘴也不要報復，而是讓對方照照鏡子。這是讓人修正行為最簡單的方法。

突然被人打了一拳，你會怎麼反應？

舍利弗尊者是一位以不發怒、謙遜有禮而聞名的僧侶。佛陀常說舍利弗尊者是他的左右手。誇讚舍利弗尊者是「除了自己之外，唯一能教導眾僧侶的人」。舍利弗尊者擁有至高的智慧，學識淵博，但非常謙虛。因為太過謙遜，完全不引人注目，許多人都會問：「哪一位才是偉大的舍利弗尊者？」

有一天，一位婆羅門教徒從同伴口中聽到舍利弗尊者的傳聞後，大肆批評：「什麼尊者，不就是個禿頭，誰會在意這種禿子！」因為在婆羅門教中，十分鄙視剃頭這種行為。

聽聞「舍利弗尊者性格非常善良」之後，這位婆羅門教徒說道：「就讓我看看這個人是不是真的偉人。反正他也是人，一定會有缺點。」便尾隨外出托缽的舍利弗尊者，從尊者身後狠狠打了他一拳。

人無緣無故被打時，總會有些反應。然而，舍利弗尊者根本沒有回頭，而是繼續慢慢往前走。那位婆羅門教徒打了尊者一拳後，就一直在等尊者的反應，沒想到尊者根本沒有反應，於是他又繼續跟在尊者後面，但舍利弗尊者根本沒有轉頭看他。

婆羅門教徒這才發現：「我做了不對的事。這個人就連被打也不在意，我做的事不對。這個人真的是個好人。」因此感到害怕，身體也開始顫抖，全身冒冷汗。最後他走到舍利弗尊者身前，跪下懺悔：「真的非常抱歉，請原諒我。」

舍利弗尊者問道：「怎麼了？你做了什麼？」尊者心中完全沒有「被

打了」這件事，也沒有「他是不是剛剛打我的那個人」這種念頭。如此一來，婆羅門教徒更加害怕，自己招認「我做了這樣的壞事」，但尊者只說：「是這樣啊，我懂了，我不在意。我原諒你。」最後，這位婆羅門教徒因此機緣而皈依佛門。

我們一般人無法達到舍利弗尊者的境界。完全開悟的阿羅漢，心中一點也沒有「實體（自我）」的概念，而是以完全體悟每一瞬間無常的「內觀」智慧活著。對舍利弗尊者來說，即使被揍了一拳，也只是一瞬間物質與物質的碰觸。即使有痛楚，內心也只是感覺到：「啊，好痛。」一切便已結束。

舍利弗尊者就連在無意識之中，也沒有「我好痛」「我被打了」的想法。因此，才能保持平靜的態度。

愈偉大的人愈謙虛

我們若能捨棄多餘的自尊，成為謙虛的人，就不容易發怒。有一次，舍利弗尊者沒發現自己身上的衣服有一小部分鬆脫了。僧人的僧袍有嚴格的穿著規定，一位小沙彌看到了，便提醒尊者：「師父，你的衣服亂了。」雖然只是一件小事，但舍利弗尊者還是當場坐下來，感謝小沙彌告訴他。

舍利弗尊者是佛陀的左右手，而小沙彌只是一個出家的孩子，還不是一個成熟的僧人。但舍利弗尊者就連在小沙彌面前，也完全沒有自我執念。因為沒有多餘的自我，因此尊者只覺得小沙彌發現並提醒了他的錯誤，僅是如此而已。

我們無法和舍利弗尊者一樣，但希望各位能在內心深處記住這個故事。如此一來，我們就會發現，因為「我是課長」「我是丈夫」這種理由而發怒，是令人不忍卒睹的醜惡。請記住舍利弗尊者待人處事的態度。謙虛就是如此重要。

在我們佛教徒的世界，所有生命中以佛陀最為尊貴，接著就是舍利弗尊者。即使舍利弗尊者如此偉大，當別人告訴他：「衣服有點亂了。」他還是會說：「非常謝謝你告訴我。」

「面子」是醜陋的

那麼，我們一般人又如何呢？我們總是擺出一副「你憑什麼對我說這些」「少不知天高地厚」的囂張態度。在大學裡，要是大一學生敢對大三、大四學生抱怨，一定會遭到報復。國中、高中也是，只要學弟妹有一些不知天高地厚的言論，就會被學長姐教訓。

這是非常醜陋的。學弟妹被當成奴隸，完全沒有發言的權利。被學長姐貶低、毆打、被嘲笑，被強迫打掃清潔，甚至洗學長姐的內衣褲。學弟妹若有任何意見，立刻會被罵「少不知天高地厚」。不過，學長姐們這麼做真的快樂嗎？他們其實並不快樂。為了學長姐、學弟妹的立場問題，大家都十分痛苦。

真正偉大的人，不會向對方說：「別不知天高地厚。」當別人指正他的錯誤，他只會說：「我知道了，我錯了。」如果這個人是小孩子，他還會誇讚對方。這就是佛教所說的道德。

當學生對老師說：「這個地方錯了。」如果老師的反應是：「我的立場該怎麼辦」「我的面子掛不住」，那麼這位老師一開始就沒有教育別人的立場。會把「面子」掛在嘴邊的人，都沒什麼內涵。真正的教師，在被學生指正之後會誇讚學生：「真的是這樣，你懂的好多，你很棒！」這才是榜樣。

愛因斯坦的謙虛

除了大學研究所相關人士之外，幾乎沒有人知道愛因斯坦住在哪裡。不過，附近一所學校的老師剛好知道他的住所。有一天，這位老師對班上一位數學非常差的小女孩說：「妳怎麼就是學不好數學呢？妳家的鄰居明明數學那麼好。」

小女孩當然不知道老師說的人是誰，她心想：「原來如此，我可以請隔壁的老爺爺教我。」於是便按了隔壁家的門鈴。

愛因斯坦打開門，發現門口站了一位小女孩，便請她進門。小女孩說：「爺爺，學校的老師說你數學很好，請教教我吧。」愛因斯坦當時已經是美國的國寶級人物，生活非常忙碌，但還是騰出時間把全部的內容都教了小女孩一遍。

過了一陣子，小女孩的數學突飛猛進，老師覺得很不可思議，就問她：「妳最近數學怎麼這麼好？」小女孩說：「我是去問老師說的那個爺爺，爺爺教我的。」

老師聽了非常驚訝，連忙聯絡了小女孩的母親。老師對母親說：「糟糕了，我不是那個意思，只是我知道你們家隔壁是愛因斯坦博士，就跟妳女兒說鄰居數學很好。」因為造成了愛因斯坦的困擾，老師與母親一起去愛因斯坦家道歉，愛因斯坦卻說：「沒這回事，我什麼也沒教她，反而是她教了我很多事。我才是被教導的那一方。」

當然，偉大的人自身就擁有成熟健全的人格。愛因斯坦是提出相對論的人，所擁有的智慧自然不能與這個小女孩相提並論。但是，愛因斯坦卻說：「她教了我很多事。」顯示出愛因斯坦真的非常謙虛。

我不認為愛因斯坦說了謊。正因為愛因斯坦的人格成熟而健全，才能從孩子身上學到許多東西。如果他不是個成熟的人，很可能就會擺出妄自尊大的架子說：「臭小鬼，我很忙，別來吵我。」如此一來，根本就不可能從孩子身上學到東西。

藉由學習這種謙虛的生活方式，能夠幫助我們平息心中的怒火。請試著成為一個成熟穩重的大人，培養虛懷若谷的性格，即便一時做不到，也可以試著模仿，久而久之自然會養成穩重的人格。

如果發怒了，就不要生氣

研究佛陀經典的各位學者，都認同「Suttanipāta（經集）」是毋庸置疑的佛陀語錄。佛陀生前記得經書所有的內容，也經常引用經書中自己說過的話，證明經書的內容正確無誤。

在日本，《經集》由中村元老師翻譯並出版，書名是《佛陀的話》（ブッダのことば）。中村老師的譯文非常淺顯易懂，不過，這是因為中村老師運用了驚人的智慧，才能把經集翻譯得如此明瞭。其實這本經書的內容並不簡單，但我很希望各位能試著讀讀看。

《經集》的第一句，就是關於憤怒的佛偈。

Yo uppatitaṃ vineti kodhaṃ
Visaṭaṃ sappavisaṃ va osadhehi
So bhikkhu jahāti oraparaṃ
Urago jiṇṇami va tachaṃ puraṇaṃ

以下引用中村元老師的譯文，這段佛偈的內容是：「被蛇咬了，就必須用藥防止蛇毒蔓延全身。而發了怒的修行者（比丘），必須在此世與彼世（本書作者註：指的是輪迴）都將憤怒捨棄。就像蛇蛻去舊皮一樣。」

我在本書的前言說過：「不想發怒，就不要發怒，就只是這樣而已。」這絕對不是強辭奪理。我所說的就和佛陀說的一樣，重點只有一個，就是「不要發怒」。

像蛻皮一樣丟掉「憤怒」

佛陀在《經集》中所說的是：「當內心產生怒氣，要控制它。」方法則是「像用藥抑制劇毒一樣」。也就是說，當體內產生憤怒，我們必須把它當成蛇的劇毒，立刻用藥物清除它。而「清除憤怒的藥物」，就是佛教修行的範疇。

接著我要說明「如何捨棄憤怒」。《經集》說的是「像蛇蛻掉舊皮一樣，蛻掉怒氣」。佛教認為憤怒是一種「劇毒」，相信活在現代的各位也能立刻了解這一點。

日本有一位醫師曾經寫書主張：「生氣與貪婪會讓體內製造出壞荷爾蒙，對身體有害。」這本書十分暢銷，大家也都十分相信這個理論。但佛陀所說的話，大家卻不太相信。這實在有點令人生氣，但因為我們不可以發怒，所以我不會生氣。

重要的是，在這本佛教最古老的經典中，一開始就告訴我們：「請把憤怒當成會致死的劇毒。」

只有不發怒的人才是贏家

接著，再來看看另一本佛經，這是先前介紹過的《法句經》的兩百二十二偈。

Yo ve uppatitaṃ kodhaṃ
Rathaṃ bhantaṃ va dhāraye
Tamahaṃ sārathiṃ brūmi
Rasmiggāho itaro jano

以下引用中村元老師的譯文，這一段的意思是：「能夠像控制奔跑的馬車一樣控制憤怒的人，才叫作馭者。其他人都只是握著韁繩而已（本書作者註：眾生都只是握著韁繩，稱不上是馭者）」。

其中有一句是：「人們只是握著韁繩而已。」這是什麼意思呢？

車子如果壞了，就沒辦法動。不過，如果是具有技術的優秀駕駛人，就能設法把故障的車行駛到目的地。不過，普通人在車子發生異狀時，只能將它停下。在佛陀的時代，車子是馬車。馬車的故障有可能是馬匹失控、車輪狀況不佳、馬軛或韁繩損壞等情形。優秀的車夫不會因為這些故障而中途放棄，還是會前往目的地。但是科技過於發達的現代汽車，或許反而做不到。汽車故障時，若即使是有技術的人也修不好，也只好將它報廢。

請把車子想像成我們的人生。這段偈文的意義是：「當我們的內心產生憤怒，就相當於人生這部馬車故障了。如果放任自己在憤怒中採取行動，人生就會陷入危險，等於是任憑憤怒這匹瘋馬四處撒野。因此，當怒氣產生的瞬間，就要停止發怒。若能成功停止發怒，代表你是個優秀的駕駛人，是人生的領導者，也是勝利者。」這句話同時也有「發怒就輸了，不發怒的人才是贏家」的意思。

「sārathiṃ」在現代是駕駛人的意思，在巴利語中還有領導者、勝利者、英雄等含意。因此，這段佛偈可以解釋為：「消除怒氣的人才是真正的英雄，真正的領導者。」因為憤怒而說出「我很了不起」「你們算哪根蔥」的人，絕對無法成為領導者。

除此之外，佛陀還這樣強調：

Ahaṃ‥brūmi 的意思是「我說的」。當佛陀的主張與世人相反，便會用「這是我說的」來強調語氣。如果一件事是真理、是事實，應該只須要客觀調查便能發現，不須要特別強調「這是我說的」。不過，有時我們無法坦率承認一些事情。例如一般人都認為「對做了壞事的人發怒是正常的」。不過，佛陀說過，即使對方是壞人，我們也不能對他發怒。這是一句讓人無法坦率表達贊同的話。所以這時，佛陀就會強調「是我說的」，意思是：「或許你們無法認同，但事實就是如此。」也代表我們必須理解，佛陀的意見與世間大眾的不同，但這是悟道者的意見，也是正確的道路與真理，即使無法理解也必須遵守。「不發怒的人才是贏家」就是一句這樣的話。

Itaro jano 的意思是「其他人們」。

Rasmiggāho 指的是「韁繩」。無法控制憤怒與其他感情，活在情緒中的人，就只是握住人生這輛馬車的韁繩而已。他們沒有任何駕馭馬車的能力。小孩也能握住汽車的方向盤，但如果要開車，就必須拿到駕照。在佛陀的偈語中，無法控制憤怒的人，就像只觸摸到人生的方向盤一樣。不發怒的人，連別人的韁繩也握在手中。因為發怒的人只能按照不發怒的人說的去做。到頭來，掌握人們（成為領導者）的，一定是不發怒的人。

不論是什麼時代，只有不發怒的人才能成為領導者。在政治的世界裡，當然會彼此較勁，相互輕蔑。在這樣的情況下，能夠成為部長或總理的人，一定是不論對方說些什麼，都能保持沉著、面帶微笑的人。因此，他們才能成為部長或總理這樣舉足輕重的角色。如果因為一點小事而生氣，就會失去身為國會議員的立場。因此，真正的領導人絕不會發怒。不發怒的人，才能握住眾人的轡繩。

要像一座壞掉的鐘

接下來，我還要介紹佛偈的其中一句，這也是佛陀說過的話，記住它一定會有好處。

Kodhaṃ jahe vippajaheyya mānaṃ

Kodhaṃ jahe 是「捨棄憤怒」的意思。**Vippajaheyya** 是「丟棄」，**mānaṃ** 是「驕傲、自我」。

這句話的意思是「捨棄憤怒和驕傲」。佛陀要我們把憤怒和驕傲都丟掉。人是因為擁有自我執念才會生氣，所以佛陀才說：「把憤怒和自我一起丟掉。」這很難做到，但請好好記住，這是我們應該做的事。

還有一句佛偈是：「要像一座壞掉的鐘。」鐘只要稍微碰觸，就會發出很大的聲音。我們比鐘還要敏感，只要稍微碰觸到空氣，就會發怒。

舉例來說，當一個人快速走過我們身前，我們可能會氣對方「態度很差」。如此一來，只要走過別人身前，就必須點頭鞠躬致意。這麼做本身並不是壞事，但會讓人厭煩疲倦。人類只要對方稍微犯了一點錯就會立刻發怒，即使只是一句問候，也會指摘對方：「說法不對，應該更禮貌一點。」就像是一座稍微碰觸就響徹雲霄的鐘。

因此，佛陀才會說：「你們要把自己的心當成一座有裂痕的鐘。」當一座鐘有了裂痕，就算敲它，它也不會響。不論受到什麼樣的攻擊，都不會發出憤怒的聲音。這和「捨棄自我執念」是一樣的意思。

不發怒時，每個人都很體面

有一個很有名的故事可以表現「憤怒是劇毒」。

從前從前，有一位和尚很喜歡和尼姑們說話，彼此非常親近。不過，出家的意義就是讓人獨立。因此，出家人不太容許彼此之間親密談話、來往等交友關係。而且出家之後，男性與女性就必須分開行動。這位和尚因為跟尼姑們太過要好而受到了批評。

這位和尚很生氣。尼姑們也因為「他人這麼好，為什麼要罵他」而十分惱火。此外，如果有其他和尚說了尼姑們的不是，這位和尚聽到了也會動怒。

沒人拿他有辦法，於是只好向佛陀報告，佛陀也嚴厲地責罵了他。接著，佛陀不再理會他，而是說了一個故事。

在一個叫舍衛城的城市裡，有一位富婆。家中除了她，還有一位女傭。這位富婆是出了名的「成熟、不發怒、修養極好」的大善人，誰也沒見過她稍有怒色。她的家也從來沒傳出吵鬧喧嘩。

有一天，女傭心想：「我的主人個性真好，從來不會生氣，備受他人喜愛。不過，主人真的這麼穩重嗎？或許只是因為我把自己的工作做得很好，讓她沒有機會生氣而已。讓我來測試看看主人是不是真的那麼穩重吧。」於是，女傭故意在某一天早上睡過頭。

女傭已經在這個家裡工作了幾十年，從來沒有犯過任何錯。她總是在主人起床時就已經準備好早餐，做好了全部的工作。然而，那一天主人起床時，女傭還在睡覺，什麼工作也沒完成。

於是，主人走到女傭的房間問她：「為什麼妳還在睡覺？」這時，女傭看了主人的眼睛，發現主人「心裡其實在生氣」，於是她便回答：「沒有為什麼。」之後便從床上起身。

女傭心裡明白主人的心裡有憤怒，只是沒有地方發洩。她決定隔天繼續確認，於是隔天她也故意睡過頭。這次，主人以嚴厲的言詞責罵她：「快起床，妳在做什麼，為什麼還在睡？」女傭依然只回答：「沒有為什麼。」

女傭心想：「第二天主人就生氣罵我了，那我再試試看第三天會發生什麼事。」於是第三天也故意睡過頭。沒想到主人根本不用罵的，而是抄起門閂痛打女傭。門閂是用來栓門的長棍，又大又重。女傭被打得頭破血流，全身血跡斑斑。女傭一句話也沒有說，只是走出門對眾人說：「你們都說我的主人個性穩重，但只因為我睡過頭，她就把我打成這樣。」主人的名聲就此一夕化為烏有，舍衛城的人都說：「那個人是會欺負傭人的邪惡女人。」

佛陀藉由這個故事想表達的是，「沒有發怒時，每個人都能表現得非常沉穩又體面，但這並不是你的真面目」。

我們可能會為了修行而在寺院中居住兩、三週，但當修行結束後，即使本人覺得自己變好了，那也不是真的。是否真的已經變好了，必須回到社會之後才知道。別人誇讚你的時候你不會發怒，這是非常理所當然的。這種時候向人自誇說自己不會生氣，令人無法苟同。因為當發生讓你生氣的事件，你可能立刻就會發怒。

沒有令人生氣的事件時，不發怒並不是一件值得讚美的事。真正的「不發怒」指的是在令人生氣的場合中依然不會動怒。即使別人輕蔑你、辱罵你，你依然能面帶微笑。

不論對方為什麼罵你，都不要生氣

人類有各種方法可以斥罵其他人，佛陀將這些方法分類成五種。

第一種是「有些會在該罵的時候罵，有些會在不可以罵的時候罵」。

第二種是「有些是有憑有據的罵，有些無憑無據也會罵」。

第三種是「有些好聲好氣，有些言詞嚴厲」。

第四種是「有些用有幫助的言詞責備人，有些言詞沒有意義，就只是在罵人」。

第五種是「有些是心懷慈悲地斥責，有些則是單純因憤怒而罵人」。

人的言詞可以用這種方式分成五種。不論別人對你的斥罵有沒有根據，我們都要保持心平氣和，保有寬廣的心胸。不論別人對你說話時是心懷慈悲、憤怒或是嫉妒，你都要接納。無論何時，都要保持沉穩。

不論別人對自己是心懷慈悲的說話、懷帶怒氣的說話，還是帶著嫉妒的心說話，都帶著寬闊的心胸去看待吧。試著不論在什麼時候都能沉著穩定生活吧。

培養處事不驚的態度

該怎麼做才能培養出這樣的胸懷呢？我們可以試著這樣想像。

有個人對地球感到憤怒，於是拿來一把鏟子胡亂挖掘，口中怒罵：

「你這渾蛋，我要用鏟子把你挖得東一塊西一塊，破壞你的環境，讓你消失不見！」

然而，渺小的人類就算用鏟子挖洞，也無法破壞或欺負地球。我們就要保持這樣的胸懷，試著告訴自己：

「我的心胸就跟地球一樣寬廣，只不過被人用鏟子挖了一個小洞而已，根本沒什麼影響。我的心就跟地球一樣」。

接下來的譬喻是，假設有一個人拿了各種色彩的顏料畫具來，試圖在空中作畫。

即便有人想著：「要來用各種顏料在天空作畫、塗抹色彩，盡情在天空中畫出喜歡的圖案！」但能在天空中作畫嗎？

只會弄髒自己的手而已。

反過來思考，只要你決定：「不管別人說什麼，我的心就跟天空一樣。」那麼就沒有人能在你的心裡畫畫。這裡所說的圖畫就是憤怒。請告訴自己：「無論別人說的話是溫柔還是嚴厲，不論是佛陀所說的那五種裡面的哪一種，我都會保持平心靜氣。」

還有一個來自印度的故事。

從前沒有手電筒之前，人們都是把樹枝綁成一束，點火後拿在手上。有個人拿著這支小小的火把來到恆河邊，想著：「來加熱恆河水，把所有河水都煮沸蒸發掉吧！」當他試著以自己的小火把點燃恆河水，結果會怎樣呢。沒想到，恆河水並沒有被加熱、煮沸、蒸發，而是火把被水淹熄了。

因此，當別人說了你什麼，都要告訴自己：「不論別人說什麼，我都要用像恆河一樣寬廣的心來應對。」心平氣和，保持沉穩。

第4章

平復怒氣的方法

發現自己內心的「憤怒」

再重複一次，人還是別生氣比較好。真正好的方法不是去尋找不發怒的方法，而是單純地不要發怒。社會上之所以會有殺人、鬥毆、批判等各種可怕的事情發生，都只是因為做出這種事的人正在發怒。

請好好觀察這個世界。

有些人因為暴怒而殺害、侮辱或批判別人。國家與國家也陷入戰爭。我所說的並不是謊言或玩笑。人在發怒時就不再是人，而是妖怪、惡鬼。大家不也會說「那個人生起氣來跟鬼一樣可怕」嗎？

發怒只要有一次就已經很可怕了，千萬不能一再發生。這世上沒有什麼事比一再發怒還要可怕。請告訴自己：「就算只有一點點，生氣也是很可怕的。」如果忍不住生了氣，希望你能立刻察覺自己已經掉到了生物的底層，趕緊回到人類該在的位置。

相信各位都不想成為低等的無知生物，因此，你一定要理解「生氣就會變成最差勁的無知人種」「發怒就是捨棄自己的人性」。請打從心底接受「生氣的時候，你會成為沒有理解力、不符合常理與沒有客觀性的人」。當你能夠確實理解這些道理，就不會再生氣。我所說的不是努力壓抑怒氣，而是當你發現自己的心裡有憤怒，就不會再生氣。請各位一定要嘗試看看。

「壓抑」和「忍耐」憤怒是不對的

人一旦發怒，憤怒就會取代他的人格，變得不再具有智慧、知識與理解能力。生氣的人永遠都是愚者。

不過，憤怒並不是壓抑之後就會消失。常有人說「壓下怒氣」「忍著不發脾氣」，但其實憤怒並不會因為忍耐就消失不見。產生憤怒的是你的內心，因此就算咬牙忍耐，你的內心還是處於憤怒之中。如果選擇「生氣就要忍耐」，那麼人的一生就必須一直忍耐，直到死亡。

西方的想法會鼓勵生氣的人「發洩壓力」，讓怒氣爆發，像是氣體一樣噴射出來。

然而，這種方法非常危險。「發洩以後就會輕鬆」這種想法，只是將憤怒等情緒正當化，而不去找出源頭。按照這個說法，人們生氣也無所謂，只要發洩出去就好了，完全無法從根本解決問題。而且，發洩怒氣會給別人帶來困擾，實在不值得鼓勵。

舉一個很容易懂的例子，假設我的腳因受傷而痛得不得了，這時有個人對我說：「你的腳受了傷很痛吧？我有個辦法可以讓你不再感覺到疼痛。」我說：「好，拜託你了。」結果那個人拿來一支球棒用力毆打我的腿，導致我的膝蓋骨折，痛到眼冒金星，但也確實感覺不到原來的腳痛了。

事情確實就和對方所說的一樣。如果問我原來的腳傷還痛不痛，確實是不痛了。但是膝蓋骨折帶來了其他的劇烈疼痛。發洩壓力的原理也是一樣，只是用大痛去轉移小痛的注意力而已。

觀察到憤怒的瞬間，憤怒就消失了

憤怒是在自己內心產生的，要解決它，只能驅除「毒素本身」。內觀瞑想法（佛陀教導的悟道瞑想法）主張：「察覺現在這個瞬間的自己」。這是世上最科學消除憤怒毒素的方法。

因此，只要心中有怒氣產生，請立刻觀察自己，並察覺「這是憤怒，這就是怒氣」。請試著好好觀察並學習憤怒。請立刻將看向外界的眼睛朝向內心，去發現「現在這個瞬間，我覺得不舒服，這就是憤怒。我現在正在生氣」。

一開始，我們無法改變「別人說了什麼，我馬上就會生氣」的現狀，然而，我們不能一直被別人的言語耍得團團轉，必須在生氣的瞬間察覺「這就是憤怒」。

如此一來，怒氣就會在產生的瞬間消失。當怒氣消失，我們就能感受到下一個瞬間。

怒氣消失會帶來很舒暢的感受。就像頭痛時吃了止痛藥，疼痛消失，感覺像濃霧散開一樣神清氣爽。怒氣也是一樣，當它消失之後，我們會感到舒暢，整個人更有活力，立刻就能感覺到幸福。

到了這一步，我們便會對自己湧現自信，能誇獎自己：「啊！怒氣消失了，我也很成功地控制了自己呢。」如此一來，就不會一直因憤怒而煩惱，能夠心平氣和聽別人說話。

這就是平息怒氣的方法──「立刻觀察自己的心」。透過觀察自己的內心，憤怒就會立刻消失。可以不須要去嘗試各式各樣的方法，觀察自己的心是非常簡單，而且瞬間就能做到的。不論是心理學的知識還是諮商也都完全不需要。

最重要的就是「自我觀察」，如此而已。請好好記住這件事。

佛教對於「沒有察覺現在的自我的人」，稱為「愚者」「死人」「睡著的人」。如果一個人沒有在發怒的瞬間就察覺自己的憤怒，就會變成憤怒的化身。發了一陣子脾氣，才會發現自己在生氣。嚴重時甚至過了三年還會想起過去的憤怒，因而再度發怒，每次都會因此而傷害自己。

發怒時，請告訴自己「我就是隻喪家犬」

一旦發怒，你的幸福就會在那瞬間面臨危機。必須盡快熄滅憤怒的火焰。

接下來，我會盡量具體描述平息怒火的方法。在此之前，必須先和各位確認一件事，那就是「生氣的人是喪家犬」。愈是懦弱沒自信的人，愈會虛張聲勢發脾氣。發怒的人全都是對自己毫無自信、無法在社會上抬頭挺胸堂堂正正生存的人。他們什麼都怕，而且十分愚蠢。因為不希望別人察覺自己的淺薄無知，才擺出一副令人害怕且難以親近的表情，其實一切都只是喪家犬的遠吠罷了。不過是在虛張聲勢，耀武揚威而已。

有些人擁有很高的社會地位，卻經常怒罵部下。這些人完全沒有內涵，人格也很差勁，因為很愚蠢才會發怒。當然，他們也絕對不是合格的領導者。

所以，請先記住這件事：生氣的人就只是隻喪家犬。

在動物的世界裡，愈是強者的愈不會發怒

在人類的世界中，生氣的人性格是最糟糕的，他們是什麼也做不到的喪家犬。

在動物的世界裡，這個道理也很明白。愈是弱小的動物愈會立刻生氣。會攻擊人類的也多半是弱小的動物，有威嚴的動物比較不會動怒。

森林中最大的動物是大象。大象十分有威嚴，平常會取一些樹枝，吃上面的樹葉或青草。而且大象在吃之前會大力甩動樹葉或青草，甩掉上面

的塵土和蟲子，這樣不但能讓食物變乾淨，也不會不小心把蟲子一起吃下去。大象的生活方式不會給別的生物帶來困擾。

老虎去湖邊喝水時，鹿看到了就會躲起來，不會接近湖。然而，大象想喝水時，不管附近有老虎還是獅子，大象都會直接進入湖裡，不會管牠們。因為就連老虎與獅子也無法忽視大象的強悍。

有些動物完全不聽人類的話，例如犀牛。在印度，人們會利用大象來照顧犀牛。人類光靠自己無法接近犀牛，因此會坐在大象身上去找犀牛。犀牛雖然不聽人的話，但面對大象就不會是這種態度。大象不會踩踏犀牛，但對犀牛來說，大象是「可能踩踏自己，造成危險」的生物，因此犀牛會躲避大象。必須用麻醉槍射擊犀牛以進行健康檢查時，負責的人員都會乘坐大象去到犀牛附近再進行射擊。

母親是喪家犬，孩子就會不幸

每隻喪家犬都會常常發怒，因此一眼就能看出來。

舉例來說，有些母親具有喪家犬的性格，沒有照顧孩子的自信。這時，孩子只要哭泣，母親很快就會情緒化地發怒。她會一邊發脾氣一邊強迫自己「不能生氣，要安慰孩子」，告訴自己「我的孩子很可愛」。但她完全不了解憤怒，因此這一切很難順利。

當壓力繼續累積，母親也會更加神經質、更加歇斯底里。到了極限，就完全是一種病態，甚至會想殺害自己的孩子。這並不代表母親對孩子沒有愛，但這樣的人一開始就是喪家犬。

相反地，若母親有自信，不論孩子夜啼得多厲害，做了多少惡作劇，母親都不會生氣，能夠好好控制。即使怒斥孩子，也只是表面上做做樣子，其實並沒有真的發怒。因此，這樣的母親可以做出合理的指示，理性考慮孩子的尊嚴與立場，不會造成傷害。這樣的母親，才能好好養育孩子。

「不發怒」和「寵溺」不一樣

真正的強者與領導者不會發怒。「真正的人類」不會生氣。生氣的都是冒牌貨。因此，學會平息憤怒的方法，我們才能成為真人類與真正的領導者。不發怒的人成為領導者是理所當然的。

不過，不生氣並不代表對任何事都採取「沒關係，無所謂」的態度。很多人都會誤會這件事，我稍微說明一下。

有一個母親的孩子在她眼前做了壞事。她心想「師父告訴我不能生氣」，因此雖然孩子做了壞事，但她只是看著，沒有制止，只是說著：「好，我知道了。」便坐下來繼續看。

當我看到這一幕，我心中想的是：「這樣是不行的，對孩子不好。」如果對孩子真的有感情，就應該直接說出：「你不可以這樣。」然而，那位母親卻連「媽媽不喜歡會做這種事的孩子，你這樣很不好」都說不出口。這不是正確的處世之道。

擁有真正的愛和自信，彼此就能順暢溝通

當一個人擁有真正的愛而沒有憤怒，就能活得像個國王一樣。即使有人做了壞事，只要說「這樣不對，別這麼做」就好。這樣就夠了。

不生氣的人擁有自信，能保持心平氣和，因此即使面對發怒的人，也不會引發情緒性的互相傷害。他們擁有理性的體貼思考，可以站在對方的立場提出建議。發怒的人也不會感到自尊心受傷，可以把拔出來的刀子收回刀鞘。

別人不聽你的意見時，請你好好想想。你的心情是否不平靜，也缺乏自信呢？我要再重複一次：在這種狀態下，無論你說了多少話，對方都聽不進去。

相反地，當你說出「這樣不好，別這麼做」，而對方聽進去了，代表你是有自信的，你說的話是對的。社會上也常常能看到這樣的案例。

有許多人明明沒有自信，卻希望別人能聽自己的，這個世界才會一團混亂。喪家之犬的話毫無道理可言，聽不順耳的人又會因此生氣，所以這個世界當然十分悲慘。

規定自己「不論發生什麼都不發怒」

有一則佛典故事名為《鋸喻經》，這則故事透過清楚顯示出佛教徒信奉的宗旨，具體解釋平息憤怒的方法。

不過，並不是所有人都能接受這個故事，聽的人必須非常正直誠實。或許各位看到這裡會覺得：「大部分的人都很正直，只有少數人並非如此。」然而，遺憾的是，真正誠實正直的人並不多見。若能打從心底認同「自己是正直的人」，那麼我們的人格應該會不斷提升。

不過事實上，雖然大家都在努力當個好人，但很難做到。各位知道為什麼嗎？這是因為「想當個好人」本身就不是誠實的想法。每個人的心底都覺得「自己才是對的」。人們看到其他人的表現，內心會想著「我要更努力」「我不能生氣」「我要成為一個不說謊的人」，但這些想法並不是他們真正的心聲。他們真正的想法是：「我才是對的。」也就是說，人們心中「連自己都沒有察覺的真正想法」和「自己察覺到的表面想法」是矛盾的。所謂誠實正直的人，就是矛盾程度較小的人。這樣的人使用《鋸喻經》中提到的方法才會有效。

在《鋸喻經》中，佛陀說：「如果現在來了很可怕的盜賊，你明明沒有做任何壞事，卻被這些盜賊抓住了，他們為了好玩而用鋸子鋸你的身體，即使在這種時候，你也不能有一點點憤怒。只要心中產生了一絲怒氣，你就不再是實踐佛陀教誨的人。如果你要成為佛的弟子，就必須做好這樣的心理建設。」

這是因為憤怒對人類來說是劇毒。佛陀說這個故事的用意，就是希望人們能控制怒氣。

如果你是個誠實正直的人，就能做到這一點。佛陀想說的是：「不能發怒，憤怒是毒。即使是在被殺害的瞬間，只要產生了憤怒，心靈就會變得汙穢，失去今世累積的功德，最終走向地獄。因此，被殺害的人反而更是吃虧的。」

請先試著要求自己「不論對方做什麼都不發怒」。如此一來，就不會再因為「對方說了有點沒禮貌的話」「對方忽視你」或「被婆婆欺負了」

等小事而生氣。

如果我們能做到「即使對方想殺我，我也不會對他產生憤怒」，那麼活在這個世上就會十分輕鬆自在。

理解正確的「平等」

所有生物都擁有平等的生命權利。只是根據身體的型態不同，生活方式有所不同罷了。當我們確實了解生命的平等，就不會再發怒。

蟑螂都躲在廚房，家裡養的貓會吃自己的飼料，老鼠則是在夜深人靜時出來吃廚餘。這都是因為牠們的「身體」是如此。人類不用躲躲藏藏，可以抬頭挺胸生活，也只是因為人的身體與這些生物不同，而不是人比較偉大。生命都是一樣的。

因此，我們完全沒有對其他生物發怒的權利。如果發怒，那就代表你完全不理解「平等」。

所有的生命都有自己的煩惱、痛苦，這些都是相等的。沒有誰的煩惱比較重要。當大家都把自己的痛苦宣洩出來，都堅持「我才是正確的」而無法妥協，只會讓雙方都無法繼續生存。當我們能認清「我的煩惱是我的煩惱，對方的煩惱是對方的煩惱」以平等的心態看待萬物，自我就會漸漸消失，也不會再感到憤怒。

舉例來說，就算是對自己的孩子發怒，也代表你不認為孩子跟自己是「平等的」。我們僧侶也是，因為「對方是弟子」就對弟子發怒，也是不好的。即便人類都有大致相同的身體，但別人是別人，我們沒有權利擅自對別人發怒。

學校的老師和學生是平等的，校長和教務主任也是平等的，指正對方的錯誤行為是正確的，但沒有對彼此發怒的權利。

如果你沒有犯錯，卻被地位較高的人責罵，請告訴自己：「給對方保留一點空間。」而與地位低於自己的人相處時，要秉持「大家都是人，要彼此商量解決問題」的態度。若能以這樣的方式使用「平等」的概念，那將會十分美好。

不堅持「人生的意義」

我們心裡都有些原則，並做出「這樣才是我的幸福」「有這個我就是幸福的」的判斷。

我們把「吃到美味的食物就很幸福」「孩子是我的寶物」「想去國外旅遊所以我要努力」當成「人生的意義」，秉持著「達到目標就幸福」的態度生活。

那麼，這個目標消失時，我們又會怎麼樣呢？

一切會跟之前顛倒過來，我們會感到非常不幸。

有的女人會宣稱：「養育孩子就是我的人生意義。」充滿活力地努力生活。但當孩子長大離家，媽媽就會失去幹勁，感到寂寞與強烈的不幸。最後剩下的就只有憤怒，抱怨孩子：「都是我養大的，我節衣縮食只為了讓他們過得好，他們卻對我不聞不問。」

接著，會發生什麼事呢？

這個人會開始騷擾已經獨立的兒子，騷擾媳婦，到處遷怒別人，成為別人眼中的「討厭鬼」。健康狀況也會日漸惡化，感到非常不幸。

上班族也是一樣，認為「工作就是人生意義」的人，退休後就會無事可做。因為很寂寞，很快就會生病死掉。

為了避免這種狀況，我們不可以對任何事心生拒絕，應該接受現實好好享受。也就是說，有工作時就享受工作，退休後就好好享受老年。如果有孫子，就享受跟孫子一起玩的天倫之樂。

不要堅持「這就是我的人生意義」。真正的人生意義自己就能決定，只要心境一轉，就可以改變。跟孫子玩了一天，老人家難免會感到很疲累。

孫子回家時，可以換個角度想：「終於找回自己的時間了，好好休息吧。」就能感受到別的樂趣。不要因為孫子不在而感到寂寞，要能夠切換心情，告訴自己：「昨天被孫子拉著到處跑好累，今天就能好好休息了。」

如此一來，只要能培養出不論狀況有何改變，都不拒絕、不否定的寬闊胸襟，就不會有滋生憤怒的空間，能夠一直感受到幸福。

沒有什麼問題值得你破壞人生

舉例來說，在公司有可能會遇到如下的霸凌：「不把重要的工作交付給自己」「只被指派無足輕重的工作」或是「不管做什麼都得不到任何肯定」。被霸凌的人確實會覺得很痛苦，但你沒必要因此毀掉自己的人生。只要好好保有自己善良的天性，這些問題很快就會解決。

假設公司想開除一個員工，所以故意不給他工作，讓這個人到了公司只能坐著，而該員工的自尊心又很強，使得他在這種狀態下覺得很痛苦。

如果我遭到這樣的對待，會怎麼做呢？我會帶著自己想看的報紙、雜誌或書到公司，把腳蹺到桌子上，整天只看自己帶來的東西。有時去幫大家泡個咖啡、紅茶，吃吃點心，到了下班時間就準時回家，抬頭挺胸地接受「我雖然想工作卻沒有工作，所以就照我的想法過日子」的事實。

當對方因為我的態度而發怒，斥罵我：「你也看書看得太爽了吧！」我會回答：「那我該怎麼辦？我就是沒事做，只好盡力保持健康活力」「你們有好好做事不就好了嗎？你們不是還有工作嗎，怎麼有時間聊天？」如此一來，就完全是我的勝利了。

請試試看同樣的方法，只要過個一、兩天，問題應該就會全部解決。不但自己開心愉快，也不會輸給職場霸凌。

就是因為無謂的面子跟自我等等概念，我們才會認為「這是職場霸凌」「公司想開除我」「如果解僱我，公司就要付我資遣費，因此希望我自己辭職」，因而感到煩惱。

然而實際上，這個社會上的霸凌都沒什麼要緊的。為了培養出這種豁達的胸襟，發現自己快要生氣時，請想起佛陀的那句話。

「即使盜賊來了，用鋸子鋸開了我，我也不生氣，生氣就輸了」。

如此一來，怒氣很快就會消失。

自我是你的枷鎖

人類一定會有某種頭銜或自我執念，但那也會成為自己的枷鎖。

自我就像自己背負的十字架一樣。說到人為什麼要背負十字架，其實是為了讓別人殺掉我們。你可以試著用自我執念創造出自尊，相信很快就會因為憤怒而毀掉自己。所有的事情都無法順心如意，每次你都會生氣，最後招致自我的毀滅。

帶有自我執念的人們，將會與這種執念一起在無限的痛苦中生存。無法與社會產生任何和諧，甚至是逆社會潮流而生活。

相信各位都知道《新約聖經》裡描述耶穌死亡時的情景吧？人們決定

處刑耶穌時，理應由決定殺死耶穌的人設立十字架，然而這些人卻殘酷地決定讓耶穌自己搬運十字架。結果耶穌只能背負著殺死自己的工具。他是遭到強迫的，別無他法。然而我們卻是自願背負著自我這座十字架。

因此，在這裡我要分享給各位一個方法，就是「捨棄自我」。

所謂的捨棄自我，並不須要連自己的名字都忘記。舉例來說，一個姓田中的人沒有必要在別人叫「田中先生」時也不做出回應，不須要做到「啊！我叫田中嗎？因為沒有自我，我就連名字都忘了」這種地步。我們還是可以擁有名字。不過，除了名字以外，什麼都不要保留。例如當我問：「你是誰？」你只要回答：「我是田中。」就夠了。別人問你是誰時，你若回答：「我是某某地方的人，在做某某事，我擁有這麼多，我叫田中。」就代表你背負著這麼多的痛苦。

丟掉「我很了不起」的想法

說起來，為何我們會產生「我很了不起」的誤解？

因為自我蒙蔽了我們的雙眼，如果能捨棄自我，好好看看這個世界再採取行動，就不會產生這樣的思考。

我們只要覺得「我什麼也不是」「沒什麼了不起」就好了。即便是東大畢業生，有人叫你「打掃這個房間」，你就趕快說「好」然後打掃。只要這樣就好。

然而，現實社會上，要是有人敢叫東大畢業生「打掃房間」，就會引發喧然大波。

有些女性被吩咐「去泡茶」時會十分煩惱，甚至搞壞身體，染上疾病。讓人實在看不下去。

請好好想想，只不過是有人叫你「去泡茶」而已，你就因此憤怒，損害自己的健康，真的十分愚蠢。

人家叫你去泡茶，你只要去泡茶就好。這沒什麼。只要去了公司，直到下班時間都得待在公司裡，不管是泡茶還是掃廁所，都是薪水含括的一部分。工作的時間既然是固定的，在這些時間裡能做的事也是固定的。不要在心裡想「竟然叫我去泡茶」，只要按照自然的工作流程做你做得到的事就好。

如果有人叫你：「把這個影印一萬分，釘好、整理好發給大家。」因為這些工作沒辦法在一天內做完，那就分成幾天做。這時，如果有人又叫你泡茶，也不用去想「工作這麼多還要叫我泡茶」，只要答應然後趕快去泡茶就好。如果因此而中斷了影印的工作三十分鐘，也不用對無法繼續影印的自己生氣。這都是命令你的人的錯，公司也不會指責你。

人之所以會憤怒，就是因為多餘的自尊與自我。只要丟棄這些，絕大部分的事情都不會有問題。「我是老闆」「我是部長」「我是妻子」「我是丈夫」這些都是多餘的概念。結婚以後因為「我是丈夫，是一家之主」就擺出一副大男人的架式，欺凌孩子和妻子。這樣下去，包括自己在內，家裡的每個人都會陷入不幸。

丟掉「我是廢物」的想法

「我沒有能力」和「我這麼厲害」一樣，都是一種充滿自我的想法。正因為我們心裡覺得「這個人擁有各種才能，但我都沒有，好不甘心」，才會產生嫉妒別人的情緒。因為厭惡自己的無能，才會對有能力的人產生憤怒。

然而，就算你沒有能力，也不會有任何麻煩對吧？那分工作沒有任何理由一定要由你去做。讓做得到的人去做就好。每個人都按照自己的能力去工作就夠了。只要捨棄「讓我來做」的自我執念，就什麼問題都沒有了。

不會畫畫的人不須要勉強自己去畫，讓會畫的人去畫就好。為什麼不會彈鋼琴的人看到會彈的人要感到生氣、懊悔，甚至欺負對方呢？不會彈鋼琴的人，只要聽別人彈不就好了嗎？有人會彈鋼琴，代表他需要聽眾。這麼一想，憤怒的情緒就會消失。這個世界上沒有一切都完美的人，每個人只要找出自己的能力，好好運用就好。

丟掉這些自我，你就能自由

四十五歲左右的人去便利商店打工，多半會感到不太舒服。這是因為他們心裡覺得：「我已經這個年紀了，還只能做這種誰都能做到的簡單工作賺錢。」

即使其他的公司來挖角，要辭掉現在的工作也不容易。因為這等於是拋棄現在公司的經驗與立場，從零重新開始。如果未來的主管年紀比自己小，就更加困難了。

假設面試官三十歲，來面試工作的人四十五歲，面試官會認為「我是年輕人」，來面試的人則會覺得「我經驗豐富，年紀又比較大」，彼此都有自我執念，因此兩者都會感到這個狀況很棘手。

這都是日本常看到的狀況，相當令人困擾，許多人也因而失去自由。明明知道那是一分好工作或有趣的工作，卻難以前去應徵。如此一來，就會一次又一次錯失高薪又有趣的工作。

如果能不被這些條件束縛，單純聚焦在求職者「經驗」與「能做哪些工作」等能力議題上，相信一定能有理想的結果。別被自我束縛，不論上司比你小幾歲都不重要，只要集中精神做好工作，就能工作得輕鬆愜意。

一切的問題幾乎都出在自我。因此只要我們決定「我只要有名字就夠了，不要有其他的執念」，所有的痛苦都會在一瞬間消失。

丟掉「不想輸給別人」的想法

人類基本上都不想輸。我們常常使用「不服輸」這個詞，其實「不服輸」分成兩種。

一種是因為自己的自我與自尊，想著「我不想輸給其他人。我討厭輸」而鬥爭。這是一種自我執念，以佛教的觀點來看是錯誤的。會有「不想輸給某人的想法，絕對不是什麼好事。

另一種「不服輸」與自我執念無關，是「討厭輸」的正確觀念。那就是「無法忍受輸給自己」的心情。像是「因為沒有認真面對問題而落敗，是輸給了自己的怠惰，於是下定決心不能再輸第二次」這類情況，是因為自己沒有做到該做的事而感到羞愧。這種時候就是在訓誡自己，而非自我執念。

只要努力做自己該做的事就好

「我必須做這樣的工作」「今天我一定要做飯」這些都是我們給自己的挑戰，而不是為了獲得別人的讚美。這是一種「不想因為怠惰中途而廢，想要盡力把事情做好」的態度。

這種態度體現在做飯的時候，就是「為了讓大家都覺得美味，我要把菜做得無可挑剔」的認真精神。某方面來說，這也是一種不服輸，但因為不想輸的對象不是別人而是自己，所以沒有問題。

請記住，人只要好好努力做自己該做的事就夠了。完全不須要思考與別人之間的輸贏或鬥爭。

串連小小的「成功」，打造你的人生

人生只要有一點點小成就，就會感到快樂。因此，我們可以每天計畫「要怎麼成功」。

計畫的長度只要十分鐘就夠了。訂定「十年後我要成功」的計畫，是十分痛苦的。我們只要訂定「這十分鐘我要做到自己該做的事」「這十分鐘我要努力做到成功」的目標就好。如此一來，每次成功都能感覺到喜悅與幸福。將這些小小的計畫串連起來，就是你的人生。

憤怒會妨礙計畫的成功。發怒的瞬間，計畫就會失敗。我們經常會在很短的時間裡生氣。例如寫信時字寫得不好，或是寫錯了，在那個瞬間就會因為「討厭，又寫錯了」而產生微小的怒氣。在機器沒有好好運作時，也會抱怨「它為什麼都不動」，甚至反射性地又敲又踢，這就表示我們已經生氣了。

「發怒」和「輸了」一樣，輸了就會感到不甘心、悲傷與不開心。也就是說，會感覺到不幸。而當我們感受到不幸，就是輸給了自己的人生。

相反地，就算每天都有許多值得生氣的事，卻不感到生氣，就代表這個人確實勝利了。在每天的日常生活中，若有你經常會生氣的事，請提醒自己不要發怒。相信之後的事情發展一定可以如你所願。

請好好感受，記住自己在控制住怒氣的瞬間感受到的勝利，如此一來，你就不會成為喪家犬，而是成為一名贏家。

要注意的不是憤怒而是「問題」

生氣的人都是喪家犬。他們沒有任何一點點知性，只是一團靠憤怒驅動的肉塊。

當我們能夠在瞬間察覺自己內心萌芽的怒氣，並忍住不發怒，接下來就會發生好事。我們的智慧會告訴我們「這個問題該這樣解決」，也能戰勝對方的憤怒。而這種「獲勝了！」的刺激，是非常美妙的。

想像一下，現在有一個人聲稱「這是A」，另一人主張「不對，這是B」，兩人發生了爭執，互不相讓。

這時若有第三個人出來斷定「這個人是對的，那個人錯了」，其實並不是正確的解決方式。若能利用我們的智慧，以一起找出解決方法的方式去努力，就能夠平息對方的憤怒。

我個人就常常使用這個方法。有時我們必須思考其他人的問題與各式各樣的課題，只要利用這個方法，就算是一年分的工作，也能在一小時以內解決。

重點在於，不要被對方說的話與對方的怒氣牽著鼻子走，只要把問題挑出來解決就好。別想著：「這個人嘴巴好髒，一定是壞人。」有問題的是憤怒，而不是對方。因此，我們必須思考「這個人是帶著這種情緒說話，那個人是帶著那種情緒說話，但實際上真正的問題是這樣」，然後提出自己的見解：「問題是在這裡對吧？既然這樣，用這樣的解法如何呢？」

請捨棄自己的立場、有利於自己的選項與意見。如此一來，大家就自然能接受你的處理方式。

用「智慧」戰勝對手的憤怒

有時，有些意見很多的人會來找我，對許多事物提出批評，例如「這樣不行，你不能這麼做，會給我帶來困擾」……

但我不允許討論事務時摻雜自己的情緒，因此會打斷他們：「等一下，你不要講自己的情緒，只要說出哪裡是問題，為什麼它是問題就好。」

聽我這麼說，大部分的人都會頓時啞口無言。當他們稍微思考之後，思緒自然就會清晰，也能夠好好掌握問題。對此，只要好好地說：「這時候不應該要這樣做嗎？」對方就會做出：「啊！對喔！」的回答，能夠接受你的答案。

然後我最後會再次問到：「還有沒有什麼想說的事？」每個人都會說：「沒問題，沒問題，什麼問題都沒有。」還就此培養出良好的關係。

這就是運用智慧帶來的成果，「原本是會討論上好幾個小時的問題，結果什麼也沒討論就解決了」。對我而言，事情順利解決心情當然很愉快，而且許多人的憤怒也就此煙消雲散。

簡單來說，就是「用智慧戰勝對方的憤怒」。克服對方的憤怒真的很有趣，成功做到這件事會讓我們產生強大的自信。請記住這一點。生氣就輸了。不過，要贏過易怒的對手真的很簡單。

面對攻擊，你要表現得像水晶球

想要做到「發生什麼事都不生氣」，我們必須先跨越一個難關。那就是當某個人做出令我們不得不發怒的事情，該怎麼解決。

如果對方只有在不影響別人的範圍內做壞事，相信你我都不會對此而發怒。看到不合理的地方，只要面帶微笑向對方說明就好。

不過，如果對方對你做了什麼，那就是問題了。你什麼也沒做，對方卻讓你遭受損失、貶低你、把你當成笨蛋、歧視你，甚至想要陷害你。這時候，我們又該怎麼辦呢？

或許各位會覺得，在這種時候還保持笑容不發怒，接下來對方更會覺得你就是笨蛋沒錯。

不過，即使別人把你當成笨蛋，這時候發怒就等於承認了這點，讓對方取勝。即便對方對你做出許多批評，說你「是個笨蛋」「很離譜」「不負責任」，只要你生氣了，就等於承認了對方說的都是真的。

不論對方說什麼話來中傷你，你都不會因此而真的受到輕視。不管對方說什麼，你只要保持「隨便你們怎麼說」的態度就好。這麼做或許需要勇氣，但真的可以解決問題。

你可以把自己想像成一顆水晶球。只要你的心像一顆發光的水晶球，無論別人用什麼顏色的水潑你，或是把臭烘烘的東西抹在你身上，只要擦一擦，立刻就能恢復明亮。當你擁有這樣的心境，就能應對絕大部分來自外界的攻擊。相反地，如果你像一塊海綿吸收了所有汙穢，就會變成輸家。

「嚴厲教導」和發怒不一樣

如果對方還是要攻擊你，你就強勢地教育他吧。嚴厲的教導不是憤怒，因此沒有問題。偶爾會有人給社會與他人帶來困擾，這樣的人就是無知的化身。對於這樣的人，我們可以嚴肅地告訴他：「千萬別再說這種話，下次再這樣，我也會採取應對措施。」

雖然強調過很多次「不要發怒」，但這並不代表我們必須卑躬屈膝甚至逃走。抬頭挺胸堂堂正正的精神，反而與憤怒無緣。因此，就算在嚴厲教導別人時，也不可發怒，否則就是我們輸了。

我們絕對不能動怒，必須利用智慧與知識讓對方知道「你再繼續這樣，我也有辦法應對」，如此一來，對方就會十分害怕。如果我們表達時帶著怒氣，那麼我們就也跟對方一樣無知，這句話就不會有效果。有智慧、有知識的人，對於損害自己的人，能夠恰如其分地反擊回去。

讓為所欲為的人照照鏡子

想像現在有一個人被殺了，他的親朋好友會非常憤怒，希望犯人「快去死」，甚至還會採取行動。日本也常有這樣的案例。

但是，這不是正確答案。如果我的家人被殺害了，我因而憤怒地高喊：「你也去死！」然後把犯人殺了，那我也犯了跟犯人一樣的罪。

相信各位也知道這不是正確的方法。我們應該讓加害者受到一點教訓，讓他理解自己犯下的錯誤。

不過，我們必須先徹底冷靜下來，才能做到這點。這件事只有具有智慧與理解能力的人才能達成，一般人很難做到。

舉例來說，如果有個人欺負我，我不會因此而生氣，我知道「這個人頭腦不好，才會欺負人」，就會採取應對措施。我會用半開玩笑的心情，心想：「這個人真的很笨，這樣做會很有趣吧。」設法讓對方稍微了解自己的愚蠢。但具體的方法無法在這裡分享，我擔心各位會模仿。

只有一點各位必須好好記住。如果有人因為你不生氣而持續攻擊你、貶低你，恣意妄為，請安靜地讓他照照鏡子。你不須要生氣，只須要利用「讓對方照鏡子」的方法，或是對方對你做了多少，你就給予相當的回應。當對方照了你讓他看的鏡子，他就會看到自己盛怒的表情，因而感到恐懼。

那麼，該如何才能讓對方照鏡子呢？如果現在有個人因為發怒而辱罵你，而你反唇相譏，或是出言辯解，就是接受了對方的怒氣。你自己的心情也會變得很糟，這正是辱罵你的人想看到的。因此，因為對方而發怒的你，已經輸給了對方。我們不須要這麼做，只要安靜地讓對方照照鏡子，問題就能迎刃而解。

你只須要向對方說：「你這麼生氣，一定很痛苦。你的手也在顫抖，看來你很容易生氣。之後你還會遇到很多辛苦的事，這樣真的沒關係嗎？我很擔心。」不須要反駁對方的話，也不要判斷對方是善是惡，只要說明自己的擔心就好。

這樣的反應不在對方的預測範圍內，因此能夠打亂對方的策略。而被辱罵的你也能保持心平氣和。這樣的應對方式可以讓雙方都幸福。我所說的讓對方照鏡子，就是這種方法。請想想之前說過的閻羅王的故事。

只要笑，怒氣就會消失無蹤

平息怒氣需要智慧。而與智慧相輔相成的，就是「笑」。

現代人經常忘記「笑」。「憤怒」與「笑」是無法同時成立的，為了避免生氣，請試著常常露出笑容。人類就是因為忘了笑，才會變得不幸。

請告訴自己：「我想要笑著生活，要變成常常笑的人。不要感到難為情，要抬頭挺胸地笑出來。」下定決心好好實踐。要理解這件事很簡單，但實際去做時，可能會有些困難。

愛笑與易怒是相反的性格。當我們決定「發生什麼事都要保持笑容」之後，即使生氣，只要馬上轉化成笑容就好。只要笑，大部分的怒氣就會消失。無論何時，都不要忘記要常常微笑。

笑甚至可以幫助我們治好疾病。病患常常笑，性格變得開朗，免疫系統就會跟著活化，能夠清除體內的壞細胞。

愈笑的人愈有智慧

我們已經說過好幾次，生氣代表這個人現在非常無知，而正確的笑代表我們的知識正在運作。我們為什麼會笑？自然是因為「好笑」。有些人會「因為太好笑而捧腹大笑」，這其實是因為發生了一些就普通常識看來不合理的事，這種差距會讓我們覺得好笑。當我們笑出來的瞬間，就能夠理解這一切，這時候的我們並不無知也不笨。生氣的時候則完全相反，生氣的我們無法理解事物。想用笑來取代憤怒，就必須用智慧與知識來取代無知。

世界上有許多不同的文化，也有許多逗人發笑的文化，例如短劇、歌曲、相聲等等。下次接觸這些文化時，請暫時保持客觀的立場，忍住笑意認真觀察「大家為什麼聽了會笑」。如此一來，就會發現編寫搞笑故事的人，其實非常認真地觀察、理解人類的生活與各種領域，才能以輕鬆有趣的方式呈現出這些內容。

擁有智慧與理解能力，就會產生幽默與幸福

也就是說，搞笑的人並不是像個笨蛋一樣被人嘲笑。逗人笑其實需要相當程度的智慧、知識與理解能力，是非常費力的工作。他們是以「一般來說，人在這時候這樣做才是正確的，但在這個故事裡必須反過來，才能製造笑點」的思考方式創作腳本。

正因為這個世界上原本就有正常的做事方法，做出相反的舉止時，才

會誘發「歡笑」。因此，在露出笑容的瞬間，我們的頭腦都十分清楚，也能好好看見事實真相。

不過，不論是誰在努力說笑話，都會有不笑的觀眾。這是因為這個人完全不理解故事，腦袋無法聽懂故事的內容。

我們常說有些人「聽不懂玩笑」。我們對這樣的人會有什麼樣的印象呢？多半是「連玩笑都不懂，真讓人無言，大概是笨蛋吧」。人在笑的時候，腦袋也同時在「理解」，如果不是這樣，這世上就不會有「幽默」了。

請一定要常常笑。露出笑容的瞬間，我們不但會感到幸福，免疫能力也會活化，氣色也會變好，身體更健康。只要常笑，就會受人喜愛，在各方面都變得更幸福。化妝打扮很花錢，笑卻能讓人不花一塊錢就變得喜悅、美麗與幸福。

智慧的笑與無知的笑

關於笑，有些事須要稍微注意。我想說的是「多笑一點，就會感到幸福」，而不是「因為幸福而笑」。「笑帶來幸福」的笑與「因為幸福而笑」，兩者完全不一樣。「因為幸福而笑」其實是有點危險的。因為這樣的笑容是一種無知，可能會因此掉入陷阱。

因為「我是幸福的，我有錢、什麼都有，心滿意足而露出笑容」的人，常會遭遇不測。因為是不可能有這種世界的。在世俗的生活中，我們無法獲得完全的幸福。覺得自己已經非常幸福而感到滿足，就會不再朝著更多的幸福努力。結果，人就會因此開始怠惰。

「我很滿足」「一切都很完美」「我的孩子很好」「我的丈夫很好」「我的太太很好」「這個社會很好」「什麼問題也沒有」「我很幸福」「活著真好」……這些都是幸福的傻子才會說的話。因此，因為這些幸福而產生的笑容，是十分無知的。

請不要把「智慧的笑容」與「無知怠惰者的笑容」混為一談。能讓人類幸福的，不是像笨蛋一樣無知的笑容，而是「再多思考一下，因為理解而笑」的智慧笑容。

不可以以「笑」為目的

人們常說「笑就對了」，但我們也不能耽溺於此。笑並不是目的，「因為太快樂而整天發笑，連工作都拋在腦後」就不是正確的笑。這就跟使用毒品一樣，只是被愉悅有趣的事物占據注意力罷了。

正確的笑容不是「因為想笑而笑」，也不是「因為幸福而笑」。而是不管這些，就只是單純地露出微笑。

有些傻瓜想要大笑時，會特地去找表演相聲的地方，去聽相聲發笑，再回到家裡。這種人在家裡反而不笑，而是特地前往能笑出來的地方勉強自己發笑，這樣不是很奇怪嗎？

我提倡的笑容，是「不論在家裡還是在外都能笑，不論工作順利還是失敗都笑得出來」，只要你有心就能笑。因此，不須要為了笑而特地去任何地方。

鍛鍊微笑之力，你會發現這世界很有趣

我們該做些什麼，才能學會用這種方法笑呢？

簡單來說，現在立刻露出笑容就對了。只要露出笑容，你就學會了笑的方法。一開始你可能無法立刻笑出來，甚至會因而感到生氣。不過，個性誠實正直的人會想：「我還是要努力笑。」而勉強自己露出笑容。

不可思議的是，就算一開始是勉強自己露出笑容，之後我們也能漸漸

找到會讓自己莞爾一笑的事物。也就是說，我們的智慧會開始運作。其實，一天二十四小時都能過得開心的人，就是不管看到什麼都能找出有趣之處。

舉例來說，小孩子不管在哪裡，都能在一分鐘內找到能玩的地方。不管帶他們到哪裡，只要過了一分鐘，小孩就會開始玩耍。只要有「一點點材料」，就夠孩子們玩耍。不過，這種情況只限於小孩。

逗孩子笑也非常簡單。只要用手遮住臉跟他玩躲貓貓，孩子就會被逗笑。但孩子並不知道自己為什麼會笑。他們只知道「媽媽看起來很開心，所以我也很開心」。

找到令人莞爾的事物很容易

就像這樣，我們只要決定「不管發生什麼事都要笑」，就不難找到令人莞爾的事物。不可思議的是，所有的現象都有奇怪的地方。這世界上沒有什麼是完美的，到處都有奇怪的地方。只要你想笑，任何事物都可以成為莞爾一笑的對象。

不過，我想把這一點告訴別人的時候，只能透過親自示範來表達。有時我用語言向別人解釋這個方法，對方卻完全無法理解。因此，我只能在心裡決定：「我要一個人露出笑容。」接著自己一個人微笑。我不會露出笑的表情，而是在心裡把許多現象當成引發微笑的材料。

這個世界上，真的不論是任何事物都能找到有趣的點。只要用「任何事物都不完美」的立場去觀察，就能找到許多笑點。

舉例來說，雨天撐著傘出門，收傘搭上電車後，雨水會順著傘尖滴落。我看到雨水滴落時，心裡會想：「水滴會流到哪裡？」電車煞車時，我也會想：「接下來它又會往哪個方向流？」每次這些雨水流動，我就會邊看邊想它們接下來要到哪裡去。雨水在車廂地板上冒險的模樣非常有趣，讓我有許多新發現。如果雨水沒有流下去，我會用傘尖在地板上的積水畫畫。這些動作連坐在對面的乘客也沒有發現，其實我每次都會像這樣玩些小遊戲。

笑容是強者的證明，憤怒則是輸家的烙印。為了快樂生活，現在就露出笑容吧。只要笑，我們就與憤怒無緣。選擇失敗的愚者才會發怒。擁有智慧的人會毫不猶豫地選擇歡笑。這一點都不難。

平心靜氣掌握情況

「理解（understanding）」也是很重要的。這裡所說的不只是用頭腦的知識性理解，而是「掌握狀況與背景」。為了做到這一點，首先我們必須冷靜下來。

舉例來說，當孩子說：「我不想去上學。」我們會感到慌張，甚至會命令孩子：「不可以這麼說，一定要去上學。」其實，這種情緒就是憤怒。

如果我們能保持冷靜與沉穩，稍微努力「理解」，就能夠想到「孩子心裡有讓他不想去上學的理由」。

不能理解這一點的人，會產生無聊的妄想，例如「要是課業跟不上進度就糟了」「鄰居發現我的孩子沒去上學會說閒話」「隔壁鄰居的孩子都有好好去上學」，心裡想的完全都是自己。這種家長沒有好好思考，就命令孩子去上學。但孩子也是人，不是父母的奴隸。

這時，請先說：「原來是這樣啊。」做個深呼吸，試著掌握情況。當你能夠想到「這孩子不想去上學應該有原因」的瞬間，心情就會比較平靜。

如此一來，臉上也不會顯露出「糟糕了」的表情，能夠保持微笑。孩子也能立刻感覺到你的游刃有餘。接著就可以問孩子：「你有不能去學校的理由嗎？」「我有什麼能幫上你的嗎？」即使你幫不上孩子的忙，也可以問孩子要不要跟你說發生了什麼事。

記住要提醒自己，不要在談話當中變回只想著自己的家長。配合孩子調整你內心的頻率，努力理解問題，就能找出解決的方法。

我再舉個例子。

丈夫回家時如果心情不好，或許會對妻子說些刺耳的話。

不過，妻子如果也發脾氣，兩人一定無法和睦相處。

這時，妻子若能心平氣和地想：「他今天心情好像不太好。」就能平靜地詢問對方為什麼心情不好。

在職場上也是一樣的道理。

有個人想在工作上有好成績，便隱瞞資訊，也不把工作交給別人，一個人獨占各種工作，導致公司的營運受到拖累。這時，如果上司個性火爆，往往會立刻發脾氣怒斥：「你為什麼都不向上報告，擅自採取行動會給人添麻煩。」

若是上司的個性成熟穩重，就能夠想到這種狀況的背景，例如「這個人是在努力提升工作業績」「這個人只是想爭面子」「其實他根本做不了這個工作，但如果向上報告，公司就會指派更有能力的人來做，所以他才會隱瞞」。

如此一來，答案就很清楚了。如果這樣下去也不會有問題，就放手讓他去做。若是放著不管公司會有麻煩，只要心平氣和地告訴對方：「這個工作我們來做，你去做其他事。」就好了。

這種「多一點點的理解，內心的多一些平靜」，也是讓怒氣平息的方法之一。

理解與平靜可以讓我們因為失敗而被斥罵時，也不會覺得「真討厭」，而是能夠客觀思考，理解「因為我發生了這樣的失敗，對方才會說這種話。其實我的失敗並不嚴重，對方也說得太過頭了」。

事情發生的當下，我們就能找到內心的沉穩與平靜。

如何與易怒的人相處

當我們能夠做到「不論發生什麼事都不生氣」之後，雖然我們已經能夠保持平靜，但有時身邊的人卻會動怒。這時，該怎麼應對呢？

這時，我們必須比平常更冷靜，並客觀地觀察現狀。

舉例來說，公司的部長發怒時，我們可以這樣想：

「這個人是部長，所以他是用部長的立場在說話。如果我當上部長，大概也會變成那樣。因為我們在工作上老是失敗，他才不得不罵我們。其實他也是受害者。」

媳婦被婆婆欺負時也是一樣的道理。媳婦可以這樣想：

「婆婆是受害者。以前她就像女王一樣掌握一切，但現在兒子被搶走了，權力也全部被外人奪走。她被趕出去，現在只能孤零零一個人，所以她是受害者」。

像這樣理解對方的狀況之後，應該馬上就能找到解決方法。

告訴自己「我和對方一樣都是受害者」也是一種方法。

你不須要和對方一起生氣，只要看清楚對方的心境，知道「這個人沒有自信又很不安，所以才會欺負、貶低、忽視別人。他之所以看不起我的能力，是因為他自己沒有能力。雖然他表現得很憤怒，但其實他是個可憐的受害者」。

不須要吃下別人吐出來的垃圾

憤怒會像雪球一樣愈滾愈大，生氣的人多半都是氣著氣著就無法再忍耐下去。

無法自己平息怒氣的人，只要內心產生憤怒之毒，就必須向外發洩這股能量。因此，生氣的人只是為了發洩怒氣才說話。雖然這樣會給人帶來困擾，但聽到他們發洩怒氣並不會對我們有害。

當無能的上司貶低優秀的下屬，下屬只要想著：「這個人年紀也大了，又沒什麼能力，因為擔心、煩惱自己的處境，所以向外發洩壓力，我要想辦法讓他脫離這種困境。」若無其事地聽下去就好。

我們雖然聽對方說話，但完全沒有必要在情緒上接收對方的怒氣，也不須要為此感到沮喪。對方只是把自己身體裡累積的垃圾丟出來而已，我們沒有必要當他的垃圾桶。

生氣的人就像吃壞了肚子而嘔吐一樣，他們的言語和行動都是在排出累積的毒素，我們只須要等他們把毒素排乾淨。要提醒自己，你沒必要吃下別人吐出來的東西，把自己的肚子也搞壞。

就算是再美味的食物，別人吃過又吐出來之後也無法再撿來吃。怒氣也是一樣。生氣的人先是自己發怒，接著就想把其他人也惹怒。就像吃了壞東西吐出來，還想讓別人把嘔吐物吃下去一樣。

因此，我們絕對不能撿這樣的東西來吃。請好好記住，因為身邊的人發怒而跟著發怒，就像是「吃了腐壞食物的人嘔吐，而你把他的嘔吐物撿起來吃掉」。千萬不要這麼做。當你的心靈成長到能夠做到這一點，因為對方的怒氣而被勾起的憤怒就會在一瞬間煙消雲散。

「不發怒」會帶來奇蹟

只要嘗試一次對生氣、貶低你的人不發脾氣，對方就會變成你的夥伴，最終達到雙贏，相信各位都會為此感到吃驚。當對方不講理地辱罵你，你還是沒有生氣，而是保持微笑，心平氣和地告訴自己：「每個人的心靈都是自由的，我也無法管理別人的憤怒。」接下來會發生什麼事呢？

對方發怒時你沒有介意，而是面帶微笑，不可思議的事就會發生。對方也會停止發怒，最後露出笑容。你們會變成朋友，對方會成為你的夥伴，再也不會斥罵你，對你發脾氣。

實際嘗試之後你會發現這就像咒語一樣，具有奇蹟般的能量，令人驚嘆不已。其實，「不發怒」能夠帶來真正的奇蹟。它符合邏輯，因此難以用奇蹟來形容，但當你的敵人一個一個變成朋友，它就是一個「奇蹟」。

不僅如此，不瞋（不憤怒）的力量還能讓我們快速成長為具有自信的人。嘗試之後，你就會知道在不貪（沒有貪欲）、不痴（保持理性）時，能夠感覺到善的能量。當我們能感覺到不瞋、不貪、不痴，過去的記憶就會成為溫暖的回憶。人若活在貪瞋痴之中，就無法看清自己的過去。一旦戰勝過貪瞋痴，想起自己的勝利，就會感到快樂。

貪瞋痴會對自己與他人帶來困擾。因此，戰勝自己的貪瞋痴，就能帶給周遭和平與安定。

我們個人沒有必要做出「和平宣言、和平運動，為了和平而戰不惜生命」。在佛教的世界裡，不須要做這麼無用的事情。能夠克制自己貪瞋痴的人就像燈火一樣，用和平的光照亮他人。當你戰勝貪瞋痴，就會散發出和平的光芒。

講述平和的人才是強者

發怒的人在精神與肉體上都是徹底的弱者。他們完全沒有勇氣，只想用言語暴力讓對方屈服。在社會上，想著製造各種武器讓自己強大的人，也都是因為本身太過弱小。

反之，我們只要不發怒，就能擁有強而有力的精神與肉體。借用社會化的語言來說，講述和平的人才是強者，宣稱自己「不會輸，要戰鬥」的人才是徹底的弱者。和平需要的是勇氣。相反地，戰爭來自於弱小。

我們要理解，「生氣是很丟臉的」，要在自己發怒的瞬間感到羞愧。如果不小心發怒，請告訴自己：「我很弱，精神和肉體都很弱小。」

有些人聽我說話，會覺得被我輕視、我看不起他。但我是故意的。如果你因此而生氣，別覺得我在貶低你，而是要輕視自己心裡的怒氣。把憤怒當成「骯髒的垃圾」「錯誤的集合」看待。

要對憤怒感到羞愧。不做到這種程度，怒氣不會消失。就像這樣，有許多方法都可以幫助我們立刻克服憤怒。

每個人都能幸福生活

「憤怒」就是人類不幸的本身。我希望每個人都能夠幸福地生活。即使只是短短一分鐘、兩分鐘或三十秒，人都沒有必要感到困擾或煩惱。悔恨自己輸了，感到不甘心，就是一種不幸。因此，我們的心要常常感覺到喜悅，要保持開朗，愉快生活。人生很短，沒有必要痛苦和煩惱。只要改變心境，誰都可以過得幸福快樂。

因此，我們千萬不能讓製造不幸的「憤怒」進入內心。只要做到這一點，我們現在就能感覺到幸福。同時，不斷訓練自己平息怒火，智慧也會有所增長，能把世間萬物看得更透徹。實踐「不發怒」同時也是追求智慧、讓我們更加幸福的方法。

Note

Note

Note

心靈叢書 16

與憤怒和解：轉譯心念，遠離情緒風暴

作　　者／蘇曼那沙拉
譯　　者／劉淳
主　　編／楊鈺儀
封面設計／林芷伊
出 版 者／世茂出版有限公司
地　　址／(231)新北市新店區民生路19號5樓
電　　話／(02)2218-3277
傳　　真／(02)2218-3239（訂書專線）
劃撥帳號／19911841
戶　　名／世茂出版有限公司
單次郵購總金額未滿500元（含），請加80元掛號費
世茂網站／www.coolbooks.com.tw
排版製版／辰皓國際出版製作有限公司
印　　刷／傳興彩色印刷有限公司
初版一刷／2023年7月

ＩＳＢＮ／978-626-7172-44-5
ＥＩＳＢＮ／9786267172469 (EPUB)／9786267172452 (PDF)
定　　價／350元

國家圖書館出版品預行編目(CIP)資料

與憤怒和解：轉譯心念,遠離情緒風暴/蘇曼那沙拉作；劉淳譯. -- 初版. -- 新北市：世茂出版有限公司, 2023.07
面；　公分. -- (心靈叢書；16)
ISBN 978-626-7172-44-5(平裝)

1.CST: 佛教修持 2.CST: 憤怒 3.CST: 情緒管理

225.87　　112005857